Günther Dellbrügger

Auferstehung

mit dem Herzen denken

Mit Bildern
von Maren Glockmann

Verlag Urachhaus

Es gibt nur einen Tempel in der Welt,
und das ist der menschliche Körper.
Nichts ist heiliger als diese hohe Gestalt.

Novalis

ISBN 978-3-8251-7696-9

Erschienen im Verlag Urachhaus
www.urachhaus.com

Umschlaggestaltung: U. Weismann unter Verwendung
eines Bildes von Maren Glockmann
Gesamtherstellung: DZA Druckerei zu Altenburg GmbH, Altenburg

Inhalt

Einleitung

Christus ist auferstanden! –
Er ist wahrhaftig auferstanden!

Christus ist auferstanden! Mit diesem Ruf wird in der orthodoxen Kirche die Osterkerze entzündet. Dann wird das Licht weitergegeben an den Nächsten: *Christus ist auferstanden,* und der Empfangende bekräftigt: *Er ist wahrhaftig auferstanden.* Das Licht wird weitergegeben und wiederum bekräftigt: *Christus ist wahrhaftig auferstanden!*

Was lebt in diesem Brauch? Die ursprüngliche Botschaft kommt aus dem Reich der Engel: *Ihr suchet Jesus von Nazareth, den Gekreuzigten. Er ist auferstanden …* Von den Engeln geht die Botschaft über auf die Menschen, die es dann weiter verkünden.

Heute geht es jedoch vielen wie Faust, den Goethe ehrlich bekennen lässt: *Die Botschaft hör ich wohl / Allein, mir fehlt der Glaube.* Faust repräsentiert den modernen Menschen, der nicht mehr glauben kann wie ein Kind. Er strebt nach Erkenntnis. Die von Rudolf Steiner entwickelte Geisteswissenschaft hat für Religion und Glauben ein neues Erkenntnisfundament gelegt.

Darauf aufbauend versteht sich diese Schrift als Weg zu einer vertieften Erkenntnis der Auferstehung Christi und als Hilfe für diejenigen, die ihren Glauben neu begründen wollen, um dann wieder in den Osterjubel einzustimmen, der Faust davor bewahrt, sein als sinnlos empfundenes Leben zu beenden:

Christ ist erstanden …

Siehe, ich mache alles neu!

Offenbarung des Johannes

I. Zeiten-Wende

Auferstehung – Kern des Christentums. Ostern im Spiegel des Johannesevangeliums. Leib-Motive im Prolog. Der Leib als Tempel. Das Licht des Leibes. Christus, der zweite Adam. Die Schule von Athen.

Auferstehung – Kern des Christentums

Der christliche Glaube hat sein Herzstück in Christus als dem Auferstandenen. Seine leibliche Auferstehung ist die zentrale Wahrheit des Christentums, und der Glaube an diese Tat hat sich – wie eine Flamme – am spirituellen Feuer des Osterereignisses unmittelbar entzündet. Diese Flamme brannte in den urchristlichen Gemeinden fraglos und hat die Herzen der Gläubigen durchglüht und erleuchtet. Das Zeugnis des Paulus aus dem ersten Brief an die Korinther fasst dies so zusammen:

> *Und wenn Christus nicht auferstanden ist, so ist unsere Verkündigung ohne Inhalt und euer Glaube ohne Kraft.*

Das Erleben des in seiner Herrlichkeit erhöhten Christus war Quelle und Inhalt des Glaubens. Der Glaube selber stand noch nicht in Opposition zum Wissen, sondern in der Nähe des schauenden Erlebens. Einige schauten ihn auferstanden, und die anderen hatten den Glauben. Doch diese Glaubenskraft nährte sich von der Gnade des Anfangs, von der unmittelbar überzeugenden Kraft der ersten Prediger. Aber auch von der Sicherheit der ersten Märtyrer, der Blutzeugen, die den Tod nicht fürchteten, weil sie sich in der Kraft dessen aufgehoben und geschützt fühlten, der den Tod überwunden hat – nicht nur seinen Tod, sondern den Tod aller Menschen, für alle Zukunft. Die erschütternde Leere des Grabes hatte sich verwandelt in Herzenssicherheit. Die Schriften des Neuen Testaments bezeugen dies. Sie bringen aber auch die Auferstehung unserem Verständnis in imaginativen Begriffen näher. Mag die historische Kritik des Neuen Testamentes zurecht die Evangelien nach ihren je eigenen historischen Kontexten untersuchen, so schöpfen die Schreiber doch aus *einer* Quelle, aus dem Reich der Auferstehung, aus dem neu hereingebrochenen Reich der Himmel. Aus der Berührung mit diesem Reich stammen auch die Bilder und Metaphern, die sich dem Geheimnis der Auferstehung denkerisch-imaginativ annähern. Deshalb sehen wir uns berechtigt, Äußerungen zur Auferstehung verschiedener Autoren des Neuen Testamentes zusammenzuschauen, denn sie bilden ein Ganzes.

Ostern im Spiegel des Johannesevangeliums

Beginnen wir mit dem Johannesevangelium. Es ist vermutlich erst Ende des ersten Jahrhunderts niedergeschrieben worden, aber bereits in den Jahrzehnten seit der Auferstehung Christi herangereift. Höchste Spiritualität – Rudolf Steiner nannte die Sprache des Johannesevangeliums einmal eine *Himmelssprache* – hat sich in die Form einfacher, schlichter Sprache ergossen. Das Erkannte wurde immer tiefer von der Empfindung durchlebt und durchdrungen. Das Erlebte wurde von Johannes immer tiefer mit dem eigenen Willen verbunden. So vereinigt das Johannesevangelium Imagination, Inspiration und Intuition und bildet ein geistiges Samenfeld.

Das imaginative Element finden wir z. B. da, wo Johannes vom *Tempel des Leibes* spricht, die Inspiration wird besonders erlebbar im Strom der sogenannten *Abschiedsreden,* die auch Wiederkunftsreden genannt werden können. Die Intuition wird am stärksten erlebbar in den *Ich-bin-Worten,* in denen die Fülle des Göttlichen erklingt aus dem Ich-bin, dem Mensch und Gott gemeinsamen Namen: *Ich bin die Auferstehung und das Leben.* Im Ich sind für Johannes Gott und Mensch vereinigt.

Leib-Motive im Prolog

Sagt der Prolog des Johannesevangeliums, eines der tiefsten spirituellen Texte der Menschheit, auch etwas über die Auferstehung? Er beginnt mit einer ganz eigenen Schöpfungsgeschichte, in deren Mittelpunkt der Logos steht, das schaffende, bildende und gestaltende Weltenwort. *Im Urbeginne war das Wort* … Ausführlich werden dann das Auftreten und die Mission Johannes des Täufers geschildert, bis in gewaltig-einfachen Worten die Inkarnation Christi verkündet wird:

Und das Wort ist Fleisch geworden.

Welche Spannweite umfasst dieser Satz! Das Wort vom Urbeginn, durch das alles, was substanziell aus dem Vater hervorging, seine lebendige Form empfangen hat, zog ein in einen menschlichen Leib. Gegen alle gnostischen Relativierungen betont Johannes, dass er seinen Leib nicht nur wie ein Gewand umgelegt hat, sondern dass er Fleisch *wurde*. Rudolf Steiner spricht von einer *Intuition des Christus*, durch die er bei der Jordantaufe eins wurde mit Jesus von Nazareth bis tief in seine Leiblichkeit hinein.

Das zweite Leib-Motiv des Prologes klingt an in dem Satz:

… und er hat unter uns gewohnet …

Dieses Wohnen bedeutet wörtlich *zelten*, d. h. er hat unter uns *gezeltet*. Dies ruft beim Leser die Empfindung hervor, wie erdnah und provisorisch, ohne feste Heimat diese Existenz des Logos auf Erden war. *Die Füchse ha-*

ben ihre Höhlen und die Vögel unter dem Himmel ihre Nester; der Menschensohn jedoch hat keine Stätte, wo er sein Haupt hinlegen kann. So war es auch dem Volk Israel auf seiner Wüstenwanderung ergangen. Die Zelte wurden täglich aufgeschlagen und wieder abgebaut, um weiterzuziehen. In ihrer Mitte aber war das Gotteszelt, die Stiftshütte, das ebenso täglich auf- und wieder abgebaut werden musste. Es war das Zelt für das Allerheiligste, für die Bundeslade. Diese enthielt – wie im Hebräerbrief beschrieben – einen goldenen Krug mit Manna aus der Wüste, den Stab Aarons und die Gesetzestafeln, die Moses empfangen hatte.

Schaut man mit innerem Blick auf diese drei Realsymbole, so spricht sich in ihnen etwas aus, das später äußere Tatsache wurde. Die Bundeslade ist wie ein Sarg, in den später der leibgewordene Logos gelegt wird, um den Gottesbund mit der Menschheit neu zu begründen. Manna, Stab und Tafeln deuten auf die höheren Wesensglieder, die aus diesem Sarg auferstehen werden: Das Manna repräsentiert das Friedenselement, das Geistselbst. Der wieder auflebende Stab des Aaron die wiedererstandenen Lebenskräfte des Lebensgeistes (Buddhi), und die Gesetzestafeln stehen für den verwandelten physischen Leib, in den der Geist seine Vollmacht eingeschrieben und ihn so zum Geistesmenschen (Atma) geläutert hat. *Und das Wort ist Fleisch geworden und hat unter uns gewohnet.* Johannes lässt es aber nicht mit dieser Beschreibung bewenden, sondern konkretisiert:

… und wir haben seine Offenbarung geschaut, die Offenbarung des eingeborenen Sohnes des Vaters, erfüllt von Liebekraft und Wahrheit.

Das Schauen seiner Offenbarung verweist zunächst auf die Verklärung Christi auf dem Berge. Nach Lukas ist die Verklärung aus dem Beten des Christus erwachsen. Hell leuchtend erscheinen die Gewänder, in die er gehüllt ist, sonnenhaft sein Antlitz.

Am Ostermorgen vollendet sich die Verklärung. Auch die letzte Hülle, der physische Leib, ist vollständig vergeistigt. Der Auferstehungsleib erhebt sich leuchtend aus dem Grabe. Die Wundmale haben sich zu Offenbarungsquellen verwandelt, aus denen die segnende Liebe des sonnenhaften Sohnes erstrahlt.

Der Johannes-Prolog stellt im Weiteren Gesetz und Gnade einander gegenüber: Das Gesetz ist durch Moses gegeben. *Die Gnade und die Wahrheit ist durch Jesus Christus entstanden.* Es ist – wie Paulus formuliert – der *Erzieher auf Christus hin*. Denn Christus ist als Mensch auf Erden erschienen und durch Tod und Auferstehung gegangen. In dieser Tat zeigen sich die umfassende Gnade der Liebe Gottes zum Menschen und die Wahrheit über die todüberwindende Kraft in ihm. Gnade und Wahrheit sind geistige Weltentatsachen. Sie sind die Glorie des Auferstandenen, die Offenbarung dessen, der wahrer Gott und wahrer Mensch geworden ist.

Der Leib als Tempel

Was der Prolog in imaginativ-meditativer Weise wie einen Samen angelegt hat, expliziert das Johannesevangelium im Ganzen. Aus dem Prologsatz *... und das Wort ist Fleisch geworden ...* entwickelt Johannes im zweiten Kapitel seines Evangeliums eine imaginative Gnosis. Denn jeder menschliche Leib, von den Göttern aus dem Kosmos heraus gebildet, soll auch als Tempel dienen, als Haus Gottes. Die Stiftshütte und später der Tempel in Jerusalem können als Vorausbilder für die Inkarnation Gottes gesehen werden. Denn einmal sollte dieser Gottesbezirk nicht nur geistig von der Wirklichkeit der Götter erfüllt sein, sondern ein realer Menschenleib sollte zum Tempel werden. Dies geschah durch die Inkarnation Christi.

Wenngleich der Leib des Jesus von Nazareth die edelste Frucht des Menschengeschlechts darstellte, musste er durch Christus noch weiter geläutert werden. Die äußere Tempelreinigung ist zugleich Bild für die Läuterung des menschlichen Leibes und seiner Hüllen. Christus spricht dies selber aus:

> *Brecht diesen Tempel ab und in drei Tagen will ich ihn neu errichten.*

Keiner versteht ihn, selbst den Jüngern kommt erst nach Ostern zu Bewusstsein, dass er damit auf seinen Tod und seine Auferstehung hingedeutet hatte! Johannes stellt sein Evangelium von Anfang an in das Osterlicht und spricht das Mysterium aus:

> *Er aber hatte von dem Tempel seines Leibes gesprochen.*

Das Licht des Leibes

Der Tempel ist das Zukunftsbild des Menschen in seiner Leiblichkeit. Die drei Jahre des Christuslebens auf Erden sind eine große Tempelreinigung. Lukas, der Paulus-Schüler, überliefert uns die folgenden Christusworte, die uns den zum Tempel gereinigten Menschenleib vor Augen stellen:

> *Das Licht des Leibes ist dein Auge. Und wenn dein Auge klar und rein ist, wird auch dein ganzes Leibessein durchlichtet sein. Ist aber dein Auge trübe, so ist auch dein Leibessein von Finsternis erfüllt. Gib also Acht, dass nicht in dir das Licht in Finsternis verwandelt wird. Und wenn dein Leibeswesen ganz und gar erleuchtet ist, sodass die Finsternis keinen Raum mehr darin hat, so wird dein ganzer Leib durchlichtet sein, wie wenn ein heller Blitz dich gänzlich von innen her durchstrahlt.*

Was der Mensch tut in Sinneswahrnehmung und liebevollem Handeln, reinigt seinen Leib zuletzt zum Tempel.

Als Arzt gibt Lukas im Bezug auf den Leib Diagnose und Therapie, als Maler zeichnet er das Bild eines völlig gereinigten, wiederhergestellten Menschenleibes, eines Tempels aus Licht, das aus dem Geiste hereinbricht, wie ein Blitz, der uns die Realität einer anderen Welt vor Augen führt.

Die Maler des Mittelalters entdeckten, dass der Charakter der Glasmalerei dem Thema des verklärten Leibes des Auferstandenen entgegenkommt. Das durchsichtige und lichtspendende Glas wurde verwandt erlebt dem Lichtleib des Todüberwinders. Die Materie des Stoffes wird in flutendes farbiges Licht verwandelt. Auch Goethe hat von diesem Lichtgeheimnis gewusst:

> *Es könnte wohl sein, dass das innere Licht aus uns herausträte, sodass wir keines anderen mehr bedürften.*

Christus, der zweite Adam

Ein grandioser Griff, um die Auferstehung zu denken, ist schließlich die paulinische Charakterisierung des auferstandenen Christus als *zweiter Adam*. Hier zeigt sich das Denken des Paulus in seiner ganzen Größe. Moses hatte als *Prophet der Vergangenheit* die Entwicklung der Menschheit nach rückwärts verfolgt. Das Menschenwesen erscheint so in seinem Ursprung als *Adam*, der alle Menschheit der Zukunft noch umfassende Urmensch.

Dieser Urmensch aber hat seine Göttlichkeit eingebüßt. Durch Adam ist der Tod in die Welt gekommen und hat alle Kreatur mitgerissen. Seither ist alles Sein ein Sein zum Tode. Daraus erhebt sich in den Menschen die Hoffnung auf Erlösung, die Sehnsucht nach erneuter Gottesnähe. Der von Paulus neu geprägte Begriff *Christus, der zweite Adam* stellt die Auferstehung in diesen weltgeschichtlichen Zusammenhang. Durch den ersten Adam kam der Tod, durch Christus, den zweiten Adam, das Leben. Eine geistige Welle neuen kosmischen Lebens ergoss sich auf die Erde. Die Wiederbelebung des ersterbenden Erdendaseins begann. So wie das Schicksal des ersten Adam kosmisch-universelle Folgen hatte, so auch die Auferstehung Christi. Der Auferstandene ist der Heilbringer aller Erdenmenschen und gleichzeitig Beginn einer neuen Schöpfung:

Ich bin das Auferstehen und das Leben.

Die todüberwindende Kraft Christi umfasst die ganze Menschheit, die geeint ist durch den in Liebe wesenden Sohn. Paulus nennt Christus nicht nur den zweiten Adam, durch den eine neue Schöpfung beginnt, sondern auch den *letzten Adam*, denn Christus repräsentiert das Ziel aller Menschwerdung.

Johannes schildert, wie der Impuls zur wahren Menschwerdung von dem Auferstandenen ausgeht. Am Abend des Ostertages haucht er den Jüngern lebenschaffenden Geist ein: *Nehmet hin den heilbringenden Geist.*

Eine neue Schöpfung beginnt. Wer diesen Geist in sich aufnimmt, wird Mitschöpfer, Mitvollbringer:

> *Wer mein Ich in sich aufnimmt, der wird die Werke auch zu tun vermögen, die ich tue, und er wird größere tun, denn ich gehe zum Vater.*

Die Schule von Athen

Johannes und Paulus sind durch eigene Todeserlebnisse zu ihren Erkenntnissen von der Auferstehung Christi gekommen. Johannes ging als Lazarus in den Tod. Die Auferweckung durch Christus: *Lazarus, Lazarus komm heraus …* schuf in ihm das Wahrnehmungsorgan für den Herrn über Leben und Tod. Am eigenen Leibe hat er erlebt, was er am Ende des Prologs verkündet: *Er hat uns herausgeführt …* Auch Saulus musste durch ein Todeserlebnis hindurchgehen, um Verkünder und Denker der Auferstehung zu werden. Vor Damaskus ist Saulus zum Paulus geworden, ein neuer Mensch. Mit den Worten *Nicht ich, sondern der Christus in mir* verkündet er die anhaltende Offenbarung des Auferstandenen, das neue Evolutionsprinzip.

Den Aposteln war der Auftrag gegeben, die Botschaft von der Auferstehung allen Völkern zu bringen. Würden sie die Botschaft des Christentums aufnehmen können? Paulus ging nach Athen, dem kulturellen Zentrum der damaligen Welt. Doch dort bildete sich keine Gemeinde.

Nur Einzelne fanden Zugang zum Christentum, unter ihnen Dionysios, der Areopagite. Er wurde ein Schüler des Paulus. Steiner schildert, wie Paulus ihn später als Leiter einer esoterischen Schule einsetzte, der *Schule von Athen*. Ein wesentlicher Inhalt dieser Schule war die Wesensgliederkunde des Menschen nach Leib, Seele und Geist als Grundlage für die Erkenntnis der Auferstehung.

Was Steiner fast zweitausend Jahre später in seiner *Theosophie* für das moderne Bewusstsein entfaltet, ist Fortsetzung des Paulinismus, Fortsetzung des esoterischen Christentums, das in der Schule von Athen gepflegt wurde und von dort aus über Jahrhunderte in der Welt im Verborgenen wirkte.

Aber frei von jeder Zeitgewalt,
Die Gespielin seliger Naturen,
Wandelt oben in des Lichtes Fluren
Göttlich unter Göttern die Gestalt.

Friedrich Schiller

Leib ist das, was durch die Tätigkeit
des Ich aus dem Körper wird.

Wolfgang M. Auer

II. Der menschliche Leib – eine Skizze aus anthroposophischer Sicht

Anthroposophie als Auferstehungswissenschaft. Der Leib-Begriff und die Entwicklung der Wesensglieder des Menschen. Die Evolution des physischen Leibes des Menschen. Der Sündenfall aus der Sicht der Anthroposophie. Die Menschwerdung des Logos. Die Überwindung des Todes durch die Mysterien des Blutes. Christuswirken am Leiblichen des Menschen. Der Auferstehungsleib.

Anthroposophie als Auferstehungswissenschaft

Ist die leibliche Auferstehung Christi eine Wundererzählung, die nicht in unsere heutige Welt passt? Der Ruf innerhalb der Theologie des 20. Jahrhunderts nach Entmythologisierung der christlichen Inhalte gipfelt in der Leugnung der leiblichen Auferstehung. Haben wir auch in der Theologie inzwischen ein Weltbild, das den realen Geist leugnet, müssen wir – wie Hegel formulierte – das

Christentum vor der Theologie retten? Franz Overbeck, Theologieprofessor in Basel und Freund Nietzsches, hat schon 1873 die These von der *Unchristlichkeit der modernen Theologie* aufgestellt. Für die Zukunft eines lebendigen Christentums ist es heute notwendig, ein tragfähiges Fundament für die Denkbarkeit der leiblichen Auferstehung Christi zu entwickeln. Die Anthroposophie Rudolf Steiners kann dieses Fundament sein.

Steiners Erkenntnisse zu dem unerschöpflichen Thema der Auferstehung Christi sind eine Erlösung für den modernen Menschen. Sie zeigen ihm Wege, die Kernaussagen des Christentums neu zu verstehen. Diese Wege sind unabhängig von der traditionellen christlichen Überlieferung, bestätigen diese aber auf oft bewegende Weise.

Die Anthroposophie wirft so auch ein neues Licht auf die Zeugnisse großer christlicher Denker. Vieles, was heute mit hohem Wahrheitsanspruch auftritt, wird bald vergessen sein – zurecht. Vieles aber, was vergessen ist, verdient neu entdeckt zu werden und erscheint im Lichte der Anthroposophie in begeisternd neuem Glanze.

Eine Weichenstellung für das moderne Erkenntnisleben war die Zeit der Aufklärung. Kant hat damals die Erkenntnishaltung des modernen Menschen zur Welt klassisch formuliert. Er sprach von einer *kopernikanischen Wende* auch für das Erkenntnisleben der Menschheit. Sei man bisher davon ausgegangen, der Erkennende müsse sich nach dem Gegenstand seiner Erkenntnis richten, so postulierte Kant, dass das zu Erkennende sich nach unseren Erkenntnisformen richten müsse.

Goethe hingegen vertrat eine polare Erkenntnishaltung, denn Gleiches könne nur von Gleichem erkannt werden. Also bedarf letztlich jedes Erkenntnisthema der jeweils geeigneten Methode. Wir können die Welt vor den *Gerichtshof* der Vernunft (Kant) zwingen oder das *Abenteuer der Vernunft* (Goethe) wagen, um uns auf neuen Wegen dem Unbekannten anzunähern.

Für Goethe ist es ein urbildlicher Vorgang, dass sich das Auge am und für das Licht gebildet hat. Der noch nicht erkannte, aber intendierte und gesuchte Gegenstand hat sich sein Erkenntnisorgan selber erschaffen! Was bedeutet das für die Frage der Auferstehung? Gibt es ein Auferstehungs-Denken, das der Auferstandene sich selber schafft, und zwar in und durch uns? Wie könnte es aussehen?

Wenn die Auferstehung das Herz des Christentums ist, steht und fällt es mit der Denk- und Erkennbarkeit der Auferstehung Jesu Christi. Das ist die entscheidende Herausforderung für unser modernes Erkennen! Muss – wenn Gleiches nur durch Gleiches erkannt wird – das Erkennen selber erst auferstehen?

Wache auf, der du schläfst
aufersteh von den Toten.
Leuchten wird dir der Christus …

Rudolf Steiner kannte dieses *Stirb und Werde* offenbar aus eigener Erfahrung. In seiner Autobiographie spricht er von einer entscheidenden Lebenswende:

Auf das geistige Gestanden-Haben vor dem Mysterium von Golgatha in innerster ernstester Erkenntnis-Feier kam es bei meiner Seelen-Entwickelung an.

Anthroposophie ist Auferstehungswissenschaft. Nicht ich, sondern *Christus in mir* wird zum erkennenden Subjekt. Steiner hat das Mysterium von Golgatha als umfassenden Sieg über den Tod in Geist, Seele und Leib des Menschen erkannt. Aus dieser Kraft heraus, wie ein Sehender unter Blindgeborenen, entwickelte er eine neue, vertiefte Sicht auf die Welt und den Menschen. Auferstehung wurde denkbar, aber nicht ›mit einem Schlage‹, sondern als ferner Gipfel einer Erkenntnis, zu der nur durch *Abenteuer der Vernunft* zu gelangen ist.

Im Folgenden soll aus dem Werk Rudolf Steiners dargestellt werden, was die Anthroposophie beiträgt, um den Begriff des Leibes tiefer zu erfassen und, von dort ausgehend, ein neues Evangelienverständnis zu ermöglichen.

Der Leib-Begriff und die Entwicklung der Wesensglieder des Menschen

In dem Grundwerk »Theosophie« (1904) spielt der Leibbegriff eine zentrale Rolle. Dieses Buch handelt in umfassender Weise vom Menschen, von den verschiedenen Schichten seines Wesens, von seinen Entwicklungsperspektiven, vom Schulungsweg und vom Schicksal des Menschen über den Tod hinaus bis zu einem neuen Erdenleben. Was uns einheitlich als Mensch entgegentritt, erscheint in der geisteswissenschaftlichen Forschung vielschichtig. Um diese Vielschichtigkeit zu ordnen, gebraucht Steiner den Begriff *Leib* in spezifischer Weise.

> *Mit Leib soll bezeichnet werden, was einem Wesen von irgendeiner Art Gestalt, Form gibt.*

Diese Definition ist unter mehreren Aspekten bemerkenswert. Sie blickt auf das sinnlich Erscheinende als *Gestalt* beziehungsweise *Form*. Aber es wird von der fertigen Form zurückgefragt nach dem *Formenden*. Während wir *Leib* gewöhnlich als sichtbare Körperform, als Resultat denken, wird von Rudolf Steiner das Formende, Gestaltgebende als *Leib* bezeichnet. Was aber ist der Leib als aktives, formendes Prinzip? Kann dieses Prinzip etwas anderes sein als das Wesen selber, so wie etwa der Künstler seiner Plastik Gestalt und Form gibt?

Weiter fällt auf, dass Steiners Definition so weit gefasst ist, dass sie sich nicht nur auf irdische, sinnliche Wesen bezieht, sondern auf Wesen von *irgendeiner* Art. Für Steiner ist *Leib* mehr als der sichtbare Körper, er ist *formgebende Kraft*.

Durch den Leib als formende Kraft erhält ein Wesen die ihm adäquate Gestalt. Daraus wird ersichtlich, dass Form und Gestalt physisch-sinnlich erscheinen, der Leib nach dieser Definition aber eine nicht sinnliche, jedoch im Sinnlichen wirksame Kraft ist, die von einem Wesen ausgeht.

Nun verwendet Steiner in verschiedenen Kontexten die Begriffe häufig unterschiedlich. So beschreibt er an anderer Stelle die Verwandtschaft des Menschen mit der äußeren Sinneswelt so: *Durch seinen Leib ist er mit den Dingen verwandt, die sich seinen Sinnen von außen darbieten. Die Stoffe der Außenwelt setzen diesen, seinen Leib, zusammen.* Der eigentlich Formende ist hier der Mensch selber: *Gleich den Mineralien baut er seinen Leib aus den Stoffen der Natur auf.*

Die bewegliche Verwendung der Begriffe macht es für die Interpreten schwierig, bewahrt aber der Sprache Steiners und seinem Gedankengang die Nähe zur lebendigen Wirklichkeit. Denn alle sprachlichen Äußerungen können letztlich nur Aufforderungen sein, den Erkenntnisprozess lebendig mitzuvollziehen.

So bewegt sich der Leib-Begriff bei Steiner zwischen zwei Polen: *Leib* ist einerseits das *Formende*, die Kraft, die einem Wesen Gestalt gibt. *Leib* ist andererseits das *Resultat* dieses Prozesses, der aus den Stoffen der Natur aufgebaute Leib, der dann auch *physischer Körper* genannt wird: *Dieser mineralische in Gemäßheit seiner Aufgabe gebildete Bau soll für die folgende Betrachtung der physische Körper des Menschen heißen.*

Die Offenheit seines dynamischen Leibbegriffes erlaubt es Steiner, auch im Bereich der Lebenskräfte und im Bereich des Seelischen von einem Leib zu sprechen.

Der *Lebensleib* gestaltet die mineralischen Stoffe zu einem lebendigen Organismus, der sich durch Wachstum, Vergehen und Neubildung lebendig erhält. Der *Astralleib* ergreift die Lebensprozesse, um mit ihrer Kraft *Seelisches* erleben zu können in Bewusstheit, in Sympathie und Antipathie. Physischer Leib, Lebensleib und Astralleib bilden die Grundlage für das in ihnen wirkende Menschen-Ich.

Steiner fasst seine gegliederte Darstellung des Menschenwesens im Bilde des Baumes zusammen: der Mensch *wurzelt … in der physischen Welt und blüht … in die geistige Welt hinauf. Der Stamm aber … das ist die Seele selbst.* Die Seele ist der Quell aller weiteren Entwicklung des Menschen. Dabei werden die Früchte früherer Entwicklungsstufen dem weiteren Weg einverwoben, die Zukunft baut auf der Vergangenheit auf, so wie der Stamm des Baumes immer neue Äste, Zweige, Blätter, Blüten und Früchte entfaltet. In der Entwicklung des Menschen sieht Steiner zwei Haupttendenzen wirksam: das wachsende Bewusstsein des Menschen von sich selbst als Eigenwesen und – darauf aufbauend – die Aufgabe, aus diesem Eigenwesen das Geistige neu und bewusst zu suchen und zu ergreifen. Auf diesem Wege verbinden sich beide Tendenzen zur Individualisierung des Geistes im *Geistselbst.* In diesem persönlich ergriffenen Geistigen wächst die Kraft zur Selbst- und Weltverwandlung bis in die Lebens- und Stoffbereiche hinein. So nennt Rudolf Steiner die höheren Wesensglieder, zu denen der Mensch in Zukunft erblühen wird, *Geistselbst, Lebensgeist* und *Geistesmensch*. In Kurzform kann man sagen: *Geistselbst* ist das verwandelte Seelische, *Lebensgeist* ist der verwandelte Lebensleib und *Geistesmensch* ist der verwandelte physische Leib.

Schaut man aber genauer hin, formuliert Steiner für die Herausbildung aller drei höheren Wesensglieder einen eigentümlichen Zirkel: Das höhere Wesensglied wird einerseits empfangen, aufgenommen, andererseits aber durch die Verwandlung der unteren Wesensglieder geschaffen, hervorgebracht. Das Ich ist dabei zugleich empfangend und verwandelnd tätig. So wird im Bezug auf das *Geistselbst* gesagt: *Wenn nun das Ich sich mit dem Geistselbst durchdringt, so tritt dieses Geistselbst so auf, dass der Astralleib von dem Seelischen aus umgearbeitet wird*. Danach wird diese Umarbeitung näher beschrieben, bis noch einmal die erste, empfangende Geste betont wird: *Durchdringt sich das Ich mit dem Geistselbst, so durchkraftet die Seele den Astralleib wieder mit diesem Geistselbst, d. h. mit dem …, was das Ich aus dem Geist empfangen hat*. Das Ich kann diese Umwandlung leisten durch die Verbindung mit der geistigen Welt, aus der es die notwendige Kraft empfängt.

In einem doppelten Sinn wird hier von Geistselbst gesprochen. In seiner Offenbarung am Menschen erscheint es als das verwandelte Seelische der Triebe, Begierden, Leidenschaften. Was aber ist das *zuvor* genannte Geistselbst, das der Mensch aufnehmen und empfangen kann und muss? Wer schenkt ihm diese Kraft? Wie empfängt der Mensch in seinem Ich diese Kraft, aus der heraus er seine niederen Wesensglieder verwandeln kann?

Die gleiche Figur haben wir vor uns im Bezug auf die Lebenskräfte und den *Lebensgeist*. Zuletzt erscheint als das Ergebnis der Umwandlungsarbeit des Menschen am physischen Leib der *Geistesmensch* als sein höchstes Wesensglied. In beiden Fällen stellt sich wieder die Frage nach dem Ursprung der Verwandlungskräfte. Die seelischen Kräfte und die Lebenskräfte sind nicht sinnlich sichtbar. Wie aber verhält es sich mit dem zum Geistesmenschen verwandelten physischen Leib? Ist dieser sichtbar oder durch die Vergeistigung unsichtbar?

Bei der Herausbildung des Geistesmenschen wird von Steiner die *starke Kraft* hervorgehoben, die notwendig ist, um den physischen Leib zu durchdringen, alle physischen Vorgänge zu durchgeistigen. Wie aber wird der Geistesmensch offenbar? Geistig oder sinnlich? *Es ist natürlich, dass dasjenige, was so von dem physischen Leibe verwandelt ist, nicht mit den physischen Sinnen wahrzunehmen ist. Es ist ja gerade das am physischen Leib Geistesmensch geworden, was vergeistigt ist.* Zugleich aber bleibt das durch Verwandlung Vergeistigte sinnlich vorhanden: *Es ist dann für die sinnliche Wahrnehmung sinnlich vorhanden*, aber es verschließt sich in seiner eigentlichen Qualität der bloß äußeren Wahrnehmung, denn *insofern dieses Sinnliche vergeistigt ist, muss es vom geistigen Erkenntnisvermögen wahrgenommen werden.* An dieser Stelle wird die Erkenntnisschwierigkeit sehr deutlich, die Steiner später so formulierte: *Die Betrachtung des physischen Leibes ist eines der schwierigsten hellseherischen Probleme.*

Die Betrachtung über die zukünftigen Entwicklungsstufen des Menschen schließt mit den denkwürdigen Worten: *Den äußeren Sinnen erscheint eben auch das vom Geistigen durchdrungene Physische nur sinnlich.* Diese lapidaren Worte enthalten einen Schlüssel zum Verständnis verschiedener Schilderungen des Neuen Testamentes.

Denn wird der Jesus Christus nur mit *äußeren Sinnen* betrachtet, erscheint er z. B. den Menschen in Nazareth so:

> *Woher hat er diese Weisheit und die Kraft zu solchen Taten? Ist er nicht der Sohn des Zimmermanns, und heißt nicht seine Mutter Maria? … Woher hat er die Vollmacht zu alledem?*

Die Menschen sind nicht in der Lage, in dem ihren äußeren Sinnen von Kindheit an bekannten Jesus den nur dem inneren Sinn zugänglichen Christusgeist zu erkennen. Sogar die Jünger hatten große Mühe, ihn in seiner Wahrheit zu erkennen, bis es aus Petrus herausbrach:

> *Du bist der Christus, der Sohn des lebendigen Gottes …*

Da fügt Christus hinzu, dass diese innere Erkenntnis zugleich göttliche Gnade ist:

> *Selig bist du, Simon, Sohn des Jona; aus der Welt der Sinne hast du diese Offenbarung nicht, sondern aus der Welt meines Vaters in den Himmeln.*

Noch schwieriger wird es, den Christus-Geist am Ende seines Erdenlebens zu erkennen, als er nicht mehr Geisteszeichen wirkt, nicht mehr mit Sprachgewalt lehrt, da, wo er ohnmächtig am Kreuz hängt. Für die äußeren Sinne scheint alles eindeutig zu sein: Da endet der Mensch, den einige noch von Nazareth kannten – gescheitert, bloßgestellt in seiner Ohnmacht.

Denselben äußeren Anblick aber hatte auch der römische Hauptmann. Er sah zwar mit seinen äußeren Sinnen den Menschen, mit seinem inneren Sinn aber den Sohn Gottes, den Christusgeist:

> *Und als der Hauptmann, der vor ihm stand, ihn sterben sah, sprach er: Dieser Mensch war wirklich Gottes Sohn.*

Mit den Worten der »Theosophie« Steiners war Jesus Christus der Mensch, der die höheren Wesensglieder Geistselbst, Lebensgeist und Geistesmensch vollkommen ausgebildet hatte. Er hatte den physischen Leib des Jesus von Nazareth vollständig durchdrungen und vergeistigt. Er starb in voller Souveränität. Sein Tod war die Geburt des neuen, zweiten Adam, Beginn einer neuen Menschheit.

Die Evolution des physischen Leibes des Menschen

Wir müssen uns dem Begriff *Leib* noch von einer anderen Seite annähern, vom Gesichtspunkt der Evolution. In seiner »Theosophie« geht Steiner vom gegenwärtigen Menschen aus. Ganz anders in der Schrift »Die Geheimwissenschaft im Umriss« (1909). Hier geht es um die Entstehung und allmähliche Herausbildung der Wesensglieder des Menschen und damit auch des physischen Leibes.

Nach Darstellung Steiners gingen unserer gegenwärtigen Erde frühere Erdzustände voraus. Die Entstehung des physischen Leibes des Menschen geht bis zum frühesten, dem *Saturnzustand* der Erde zurück. Wir greifen auf diese Beschreibung zurück, weil sie uns hilft, noch deutlicher zwischen dem äußeren Körper und der geistigen Gestalt des Leibes zu unterscheiden.

Die ersten Anfänge der Welt gehen hervor aus dem *Opfer der Hierarchie der Throne*. Die Throne opfern aus ihrem ureigenen Willen. Diese geopferte Willenssubstanz offenbart sich als Wärme. Der Anfang des physischen Menschenleibes ist wesenhafte Wärme. In der Wärme unseres Blutes wirkt die Wärme des Saturnzustandes unserer Erde weiter. Diese allererste Wärmehülle des Menschen ist schon eine erste Form von Leib.

Nach einer Weltenpause wird dieser Wärmeleib im nächsten großen Erdenzustand, der *alten Sonne*, reif, als neues Element die geistigen Sonnenkräfte in sich aufzunehmen. Dem Wärmemenschen gliedert sich ein innerer Licht- und Luft-Mensch ein. Denn das ist das Gesetz der Evolution: *Ein Wesen entwickelt sich weiter, um Träger eines Höheren zu werden.* Auch dieser Wärme-Licht-Luft-Mensch ist noch übersinnlich.

Erst nachdem im dritten, dem Mondenzustand der Erde, der Flüssigkeits-Mensch hinzukommt, der sich aber noch schwebend-schwimmend in der Luft-Wasser-Hülle der Erde bewegt, beginnt der Mensch, sichtbar zu werden. Und zuletzt kommt auf der gegenwärtigen Erde zu dieser Leiblichkeit aus Wärme, Luft-Licht und Flüssigkeit feste Stofflichkeit hinzu.

Das *Menschen-Ich* befand sich bis dahin noch im Umkreis, wie ein Kind geborgen im Schoß der Götter, träumend umgeben von einem geistigen Wolkenreich. Als Geist unter Geistern, sollte der Mensch als eine Art Sonne, als eine Art Stern leuchten in Gemeinschaft mit den Engelreichen.

Auch die *Seele* des Menschen sollte nach dem Plan der Götter in engster Verbindung mit der göttlichen Welt bleiben. Im seelischen Einatmen staunend das Götterwirken im Innern zu erleben, im seelischen Ausatmen hingebungsvoll die schöpferischen Kräfte der Welt gewahr zu werden, war der Seele zugedacht. Instrument des Weltenwortes sollte der Mensch sein. Dessen Wirken im Innern und in der äußeren Welt sollte der Paradiesesmensch in den Urformen der Vokale und der Konsonanten zum Klingen bringen.

So wie in der Luft aufgelöste Feuchtigkeit sich zu

Wolken zusammenziehen kann, hat sich das menschliche Blut des Paradiesesmenschen, das noch geistig war, für kurze Zeit verdichtet. Die Wesensglieder des Menschen, die sich aus dem Opfer der Hierarchien in langen Zeiträumen ausgebildet hatten, waren in Unabhängigkeit und freiem Zusammenspiel miteinander verbunden, ohne dass eines auf das andere übergriff. So sollte der Mensch langsam heranreifen und in die Freiheit hineinwachsen. Diese Entwicklung wurde durch den Sündenfall verhindert.

Der Sündenfall aus der Sicht der Anthroposophie

Wie stellt sich der Sündenfall aus der Sicht der Anthroposophie dar? Als die Götter sich zurücknehmen, um dem Menschen Entwicklungsmöglichkeit zur Freiheit einzuräumen, greifen die Mächte des Bösen ein, in der Anthroposophie Luzifer und Ahriman genannt, und verführen den Menschen. Die luziferische Macht stachelt das kindlich-unschuldige Menschen-Ich an, sich verstärkt mit dem eigenen Seelischen zu verbinden und darin unterzutauchen. Das Seelische wird dadurch besetzt durch das Eigene. Es entsteht der Keim des *Egoismus*, der Selbstbezogenheit. In der Seele bildet sich weiter eine Hinneigung zum Stofflichen aus, sie beginnt, sich im Stofferleben stärker selbst zu fühlen und zu genießen. In der Folge setzt Drüsentätigkeit im Menschen ein, um die verstärkte Stoffaufnahme zu verarbeiten. An der Drüsentätigkeit wiederum bildet sich ein verstärktes Leibempfinden, das später zur Identifikation mit dem Leib wird.

Durch diese Prozesse sondert sich der Mensch immer mehr von der göttlichen Welt ab, zugunsten eines verstärkten Selbsterlebens. Ahrimanische Kräfte bewirken die Prozesse der Zusammenziehung, Verdichtung und Verfestigung, die schließlich zu der uns bekannten Konstitution des Menschen führen.

So zeigt die Geheimwissenschaft die Entwicklung des Menschen von den ersten Anfängen übersinnlicher Leiblichkeit bis hin zu seiner heutigen Erscheinung in einem physischen, materiellen Körper. Um in diesem äußeren Körper die auch heute wirksame geistige Leiblichkeit wahrzunehmen, den Logos der Physis, bedarf es erhöhter geistiger Erkenntnisfähigkeiten.

Die Menschwerdung des Logos

In der Zeit, als Steiner an der »Geheimwissenschaft« arbeitete, fasste er die Evolution des menschlichen Leibes so zusammen:

> *Nun sehen wir einmal zurück auf den physischen Menschenleib, wie er schon auf dem Saturn war, und fragen uns: Woher kommt dieser physische Menschenleib? Ohne was könnte er niemals die*

ganze Entwicklung durchgemacht haben? Er kommt von dem Logos, dem Christus.

Der Leib des Menschen ist, vermittelt durch die Wirksamkeit der Hierarchien, *aus* Gott und *durch* den Logos entstanden. Das Eingreifen der Widersachermächte in die Entwicklung des Menschen hatte auf seine Grundkonstitution eine schädigende Wirkung, die wir gewohnt sind, *Erbsünde* zu nennen. Der Mensch wurde dadurch sterblich. Das Credo der Christengemeinschaft spricht von einer *Sündenkrankheit* an dem Leiblichen, die geistig geheilt werden muss.

Der Mensch, ursprünglich unsterblich-ebenbildliches Geschöpf der göttlichen Welt, des Logos, ist unter die Herrschaft des Todes geraten, der Tod steckt ihm in den Knochen. Nicht umsonst ist der festeste Teil des Menschen, sein Knochengerüst, zum Bild des Widersachers, zum Bild des Todes geworden. Die Heilung des Menschen muss deshalb von Grund auf erfolgen, bis in seine sterbliche Leiblichkeit hinein.

Wie wirkt der Tod? Er ist der große Auflöser, er trennt, sobald der Mensch stirbt, das Seelisch-Geistige vom Leib. Dieser wird zum Leichnam. Der Tod raubt uns die menschliche Gestalt. Wir erliegen dem Tod. Jetzt greifen die Widersacher nach dem Menschen, Ahriman will den Leichnam, Luzifer die Seele in Besitz nehmen. Der Sohn Gottes fasste den Entschluss, den Menschen aus den Fesseln der Widersacher zu befreien. Er musste zunächst die geistige Welt verlassen und auf seine göttlichen Kräfte verzichten, um Mensch zu werden. Dazu bedurfte es eines Menschenleibes, in dem er für eine gewisse Zeit auf Erden leben konnte. Im Credo der Christengemeinschaft wird dies so ausgesprochen:

> *Jesu Geburt auf Erden ist eine Wirkung des Heiligen Geistes, der, um die Sündenkrankheit an dem Leiblichen der Menschheit geistig zu heilen, den Sohn der Maria zur Hülle des Christus bereitete.*

Der Leib des Jesus wurde nun vollständig von Christus ergriffen und durchdrungen. So tief waren auch die höchsten Eingeweihten vor Christus nicht in den physischen Leib eingetaucht. Zunächst zog er in das *Blut* des Jesus von Nazareth ein. Das warme feurige Blut bietet dem Feuer des Ich die Möglichkeit im Irdischen anwesend zu sein. Die Wärme ist *die Brücke zwischen der Weltgeistigkeit und dem Physischen des Menschen.* Indem das Christus-Ich in das Blut des Jesus einzieht, beginnen die neuen Mysterien.

> *Die Mysterien des Blutes – des Feuers, das im Menschen eingeschlossen ist – hat das Christentum hinzugefügt zu den alten Mysterien.*

Die Transparenz der Jesusleiblichkeit und die freie Kraft des zum Menschen-Ich gewordenen Christus-Ich vereinigten sich und ermöglichten so die Durchdringung und Heilung dieses Menschenleibes.

Die Überwindung des Todes durch die Mysterien des Blutes

Die *Mysterien des Blutes* sind der Ausgangspunkt der Erlösungstat Christi. Dies bezeugen die Evangelien. Johannes der Täufer hatte gepredigt: *Ich taufe euch mit Wasser, es wird aber einer kommen, und er ist schon in eurer Mitte, der wird euch mit dem heiligen Geiste und mit Feuer taufen.* Später greift Christus selber dieses Motiv auf, als er etwas von dem Feuer-Mysterium seines Auftrages aufscheinen lässt: *Ich bin gekommen, ein Feuer auf die Erde zu werfen, und wie wollte ich, es brennete schon.* Seine Herzens-Sonnenkraft zieht in den engen Leib eines Menschen ein. Das Wirken Christi auf Erden ist eine kosmische *Wärme-Therapie*.

So wie von der Sonne Wärme und Licht ausgehen, so trägt der Logos mit dem Himmelsfeuer auch kosmisches *Gnadenlicht* auf die Erde. Das *Licht scheint in der Finsternis* – dies wird Realität in dem Menschen Jesus. Die Erdenwelt und die Menschen bis in ihre Leiber zu durchlichten und das göttliche Urbild wiederherzustellen, ist die kosmische Mission Christi.

Die Gottheit hat das Bild des Menschen auch nach dem Sündenfall in Treue weiter in sich getragen. Der Gottessohn hat sich zum Träger dieses Menschenurbildes gemacht und es neu auf Erden geoffenbart: *Siehe, der Mensch!* In ihm kamen das Bild Gottes und das wahre Bild des Menschen zur Deckung. Das *Gottmenschentum* war geboren.

Schon früh stand Christus sein Lebensende klar vor Augen, bis in die Art seines Sterbens hinein: *Der Menschensohn muss viel leiden … und getötet werden …* Aber zugleich war ihm gewiss, dass er den Tod besiegen werde:

… und am dritten Tage auferweckt werden.

Im Laufe seiner drei Erdenjahre hatte er die Wirkungen der Widersacher am Menschenwesen geheilt und das Menschenurbild aufgerichtet im Auferstehungsleib des Ostermorgens. Er repräsentierte den Geist der Menschheit. Nach Rudolf Steiner hätten die Menschen an ihm erleben können und sollen:

Da bin ich selbst in meiner wahren Wesenheit, in meinem höchsten Ideal, da bin ich in der Gestalt, die ich aus mir machen soll durch das allerheißeste Streben, das nur aus meiner Seele herauskommen kann. Da stehe ich vor dem, was allein verehrungswürdig und anbetungswürdig an mir selbst ist, da stehe ich vor dem Göttlichen in mir …

Die Lebens-Todes-Tat auf Golgatha ist eine freie Opfertat des Christus: *Niemand kann mir mein Leben nehmen, ich selber gebe es frei dahin.* Sie wird vollbracht aus Liebe zu den Menschen und ist der Beginn einer neuen Entwicklungsphase der Menschheit.

Der Tod wird seit dem Mittelalter als »Knochenmann«

dargestellt. Sein Attribut ist die Sense. Mit ihr trennt der Bauer das herangereifte Korn von der Erde und erntet, was auf der Erde Frucht getragen hat. Der Tod des Menschen ist der Augenblick höchster Offenbarung. Der Tod trennt die Seele vom Leib, der nicht nur *Kerker der Seele* (Plato), sondern auch ihr Schutz war. Nackt steht die Seele im Tode da.

Drei Tage etwa wird der Leib noch wie von außen zusammengehalten, behält mehr oder weniger sein Aussehen. Der Lebensleib hält noch alles zusammen, die Seele steht vor dem Panorama des eigenen Lebens. Dann aber löst sich der Lebensleib auf, der Zerfall des physischen Leibes nimmt unaufhaltsam seinen Gang. Jede Kremation zeigt uns, dass selbst das Skelett im Feuer zu Asche wird. Was geschah mit dem Leib des Jesus Christus im Tode? Wir versuchen eine erste Annäherung.

Aus der Anthroposophie heraus ergibt sich folgendes Bild: In den drei Jahren seines Erdenlebens hat Christus den Leib des Jesus durch seine feurige Intensität wie innerlich verbrannt. Im Zusammenhang mit seinem Tod hatte Christus von einer Taufe gesprochen, die ihm bevorstehe: *Aber ich muss mit einer Taufe getauft werden, und es bedrängt mich sehr, dass sie vollendet werde. Diese* Taufe ist polar zu der Taufe, die Johannes an ihm vollzogen hat. Denn im Jordan zog der Christus anstelle eines menschlichen Ich in das Leibesgefüge des Jesus von Nazareth ein. Auf Golgatha aber befreit der Christus das Urbild des Menschen aus der sterblichen Materie. Auf Golgatha rettet Christus aus dem Menschen Jesus das Urgefüge des Adam-Menschen. In der Jordantaufe stirbt Christus in den Jesusleib hinein, um in der Golgatha-Taufe den unsterblichen Menschenleib *aus der Taufe zu heben.* Die Jordantaufe vollendet sich auf Golgatha. Durch sie war ein Heiligstes bis in das Knochensystem des Jesus von Nazareth eingezogen. Dies durfte von Menschen nicht angetastet werden, menschliche Gewalt durfte nicht in die Gotteskräfte der edlen Form des menschlichen Knochensystems eingreifen: *Ihr sollt ihm kein Bein brechen.* Ein großes Geheimnis verbirgt sich hinter diesen Evangelienworten.

Die Quelle aller Verwandlungen ist das im Blut des Jesus von Nazareth wirkende Christusfeuer, mit dem das Licht des Christus verbunden ist. Das Licht der Welt, das schon bei der Jordantaufe im Umkreis des Jesus Christus aufgeleuchtet hatte, durchdrang seinen Leib. Eine Vorahnung davon konnten die drei auserwählten Jünger Petrus, Jakobus und Johannes bekommen, als sie Zeuge der Verklärung auf dem Berge, der Transfiguration wurden. Das Sonnenlicht des Sohnes begann aus seinen Kleidern, aus seinen Leibeshüllen hervorzuleuchten, und sein Antlitz leuchtete *wie die Sonne in ihrem vollen Glanze.* Was da aus der Zukunft hereinleuchtet, sollten die Jünger beschweigen, *bis der Sohn des Menschen von den Toten auferweckt ist.* Denn dann werden auch die anderen ihn schauen können in seiner österlichen Sonnenkraft. Die Auferstehung ist nicht ein punktuelles Geschehen, sondern ein Prozess, zu dem die Verklärung auf dem Berge eine Vorstufe ist. Christus selber hat schon 40

Tage vor Ostern zu Martha, der Schwester des Lazarus, von der Osterkraft seines Wesens gesprochen:

Ich bin das Auferstehen und das Leben.

Die todüberwindende Kraft Christi hat sich auch schon in der Auferweckung des Lazarus angekündigt. Diese war eine Initiation. Die Auferstehung Christi aber ist mehr als eine Initiation. Christus ist *durch* den Tod hindurchgegangen, hat Ahriman in seine Schranken gewiesen, und so die Macht des Todes begrenzt. Alles Stoffliche unterliegt der Macht des Todes, ja die Erde als ganze hat ihren Lebenshöhepunkt überschritten. Aber *in* das ersterbende Erdendasein ist durch Christus der Impuls der Wiederbelebung eingezogen wie der Same, der in die Erde gelegt wird. Dieser Wiederbelebungsimpuls bezieht sich auch auf den menschlichen physischen Leib.

Christuswirken am Leiblichen des Menschen

In den Vorträgen in Kopenhagen im Juni 1911 unter dem Titel »Die geistige Führung des Menschen und der Menschheit. Geisteswissenschaftliche Ergebnisse über die Menschheits-Entwickelung« schlägt Rudolf Steiner eine überraschende Brücke von der Menschenkunde zur Christologie. Steiner war der Inhalt dieser Vorträge so wichtig, dass er sie – eine große Ausnahme – trotz seiner ständigen Arbeitsüberlastung in den folgenden Monaten überarbeitete, am 20.8.1911 mit einem Vorwort versah und dem Druck übergab.

Es werden in diesen Vorträgen drei Bereiche des Menschseins zusammengeschaut: erstens die leibliche Entwicklung jedes Menschen in seinen ersten drei Lebensjahren; zweitens die biografische Entwicklung des einzelnen Menschen und drittens die Kulturentwicklung der Menschheit in ihren Epochen. Wir beschränken uns in diesem Zusammenhang auf den ersten Bereich.

Der neugeborene Säugling ist – im Unterschied zu allen Tieren – durch leibliche *Unfähigkeiten* geprägt: Der Anthropologe Adolf Portmann spricht deshalb vom *extrauterinen Frühjahr*, weil das Kind die menschlichen Grundfähigkeiten von Gehen, Sprechen und Denken erst allmählich erwerben muss. Seine unbewussten aber hingebungsvollen Willenskräfte ermöglichen ihm, am Vorbild zu lernen.

Das Erlernen dieser Fähigkeiten bringt Steiner in den Vorträgen direkt mit Christus zusammen! Zunächst verweist er auf etwas, das jeder selber ahnend empfindet, der ein neugeborenes Kind betrachtet. Es ist für unsere Empfindung viel größer als sein kleiner physischer Körper, es hat einen gewaltigen Umkreis. Die Fontanellen zeigen die Offenheit als Grundgeste dieser Leiblichkeit: seine Hingabe an die Umwelt und seine Offenheit für äußere Einflüsse.

Steiner schildert aus seinem Blick die geistige Dimension dieser Offenheit. Das noch im Umkreis befindliche personale Wesen, das zu diesem neugeborenen Leib gehört, ist zunächst noch viel mehr verbunden mit der Welt, aus der es kommt, als mit seinem Leib. Es ist noch ein Glied der Welt, die Raphael im Umkreis der Sixtinischen Madonna und ihres Kindes urbildlich angedeutet hat. Das Kind ist getragen, umgeben, geschützt von dieser höheren Welt, es steht wie in einer ständigen *Telefonverbindung* (Steiner) mit den ungeborenen Seelen und den hierarchischen Engelwesen.

Schon der Embryo hatte in der schützenden Mutterhülle dem gelauscht, was er aus der Welt des Geistes innerlich vernahm. Der Embryo ist – seiner Gestalt nach – *ganz Ohr* und entwickelt sich aus dieser inneren Hingabe an das Gotteswort.

Diese Tätigkeit setzt sich nach der Geburt fort. Das eigentliche, noch im Umkreis befindliche höhere Selbst des Menschen ist im Einklang mit der ganzen geistigen Welt. Aus diesem Einklang heraus gestaltet sich aber eine *Arbeitsbeziehung*: In dreifacher Weise wird der Leib des Säuglings durch ein geistiges Zusammenwirken des Menschen mit *allen* Hierarchien und mit Christus erst zum Menschenleib erhoben und gestaltet. In den ersten Lebensjahren lernt der Mensch physisch gehen, aus dem Geiste heraus. Das Ich des Menschen beginnt, in die unkontrollierte Bewegung der Gliedmaßen koordinierend einzugreifen. Vom Kopf bis herunter in die Füße wird der Leib allmählich von innen her ergriffen und in eine Beziehung zur Raumeswelt gebracht. Dieser Impuls bewirkt, dass aus dem hilflosen Säugling ein stehendes, staunendes Menschenkind wird, das sich frei im irdischen Raum bewegen kann.

Ähnliches geschieht mit der Kehlkopf- und Gehirnbildung. Was beim Neugeborenen noch unkonturiert und offen ist, wird immer mehr geformt und gestaltet, zum einen nach dem generellen Bild des Menschen, zum anderen aber auch angepasst an den individuellen Menschen. Der Mensch bildet sich seinen Leib aus als Instrument für das Sprechen und Denken.

Von dieser Betrachtung der ersten drei Jahre des Kindes schlägt Steiner nun eine überraschende Verbindung zur Christologie. Das Christus-Wort aus den Abschiedsreden, gesprochen kurz vor seinem Erdentod,

Ich Bin der Weg, die Wahrheit und das Leben,

wird in direkte Verbindung gebracht zum Gehen-, Sprechen- und Denkenlernen des Kindes: Das Kind lernt gehen, um im Leben seinen Weg zu beschreiten, es lernt sprechen, um die Wahrheit aus dem Geist seinem Wort einzuprägen, und es lernt denken, um im Geist die übersinnliche Seite der Wirklichkeit zu erfassen und in und mit ihr zu leben.

Wie die höheren Geisteskräfte den Kindheitsorganismus – diesem unbewusst – so gestalten, dass er leiblich wird der Ausdruck für den Weg, die Wahrheit und das Leben, so wird der Menschengeist allmählich dadurch, dass er sich mit dem Christus durchdringt, bewusst der Träger des Weges, der Wahrheit und des Lebens.

Um das dritte Lebensjahr tritt an die Stelle dieser unbewussten Verbindung jedes Menschen mit Christus unser irdisches Selbstbewusstsein: Wir sagen »Ich«. Durch diesen Gewinn an Bewusstheit, die Grundlage für alle weitere Entwicklung ist, verlieren wir aber die erste gnadenvolle Christus-Beziehung. Es ist in die Freiheit des erwachsenen Menschen gestellt, ob er die Beziehung zu Christus erneut suchen will.

Die physiologischen Prozesse der Menschwerdung werden von Steiner auf diese Weise an die Christologie herangeführt und umgekehrt, es wird eine Brücke geschlagen zwischen Physiologie und Christologie: Die ersten drei Lebensjahre des Menschen erscheinen so in einem ganz neuen Licht, im Licht ihrer Christusnähe.

Die am Menschen im Kindesalter wirksamen Kräfte erkennen, heißt, den Christus im Menschen erkennen.

Gerade im Physischen, in der Materie, wirken auf verborgene Weise die höchsten geistigen Kräfte. An dieser Stelle sei an ein Wort von Max Planck zu diesem Thema erinnert. Als Physiker hat er, wie er selber betont, sein ganzes Leben der nüchternen Wissenschaft, der Erforschung der Materie gewidmet. Deshalb war er sicher, nicht für einen Schwarmgeist gehalten zu werden, wenn er durch die Erforschung der materiellen Prozesse zur Annahme eines bewussten, intelligenten Geistes kam:

> *Dieser Geist ist der Urgrund aller Materie! Nicht die sichtbare, aber vergängliche Materie ist das Reale, Wahre, Wirkliche, sondern der unsichtbare, unsterbliche Geist ist das Wahre!*

Da es aber Geist nicht isoliert geben könne, so müsse man Geistwesen annehmen. Gerade heute, wo die Menschheit in *bitterer Gottesferne* steht, könne die unbefangene Wahrheitsforschung hinausführen aus dem *Grabe materialistischen Stoffwahns* und die Türe öffnen zur verlorenen und vergessenen Welt des Geistes. So Max Planck, für den das Materielle, recht betrachtet, zum erstaunlichsten Beweis des Geistes wurde!

Der Auferstehungsleib

Die Vollmacht des Geistes über die Materie klingt innerhalb des Neuen Testamentes am deutlichsten an in den Christusworten:

> *Reißt diesen Tempel ab und in drei Tagen*
> *werde ich ihn wieder auferbauen.*

Selbst den Jüngern wurde es erst nach der Auferstehung klar, dass Christus vom *Tempel seines Leibes* sprach.

Durch die Kopenhagener Vorträge Steiners können wir das zusammenfassend so verstehen: Alles ist durch den Logos entstanden, in besonderer Weise der Mensch als *Mikrologos*. Diese erste Schöpfung erneuert sich durch Christi Auferstehung. Nach seinem Tod hat Christus den Tempel des Menschenleibes durch die Auferstehung in seiner reinen Urgestalt wiedererweckt, wieder aufgebaut. Jeder sich inkarnierende Mensch hat seitdem an dieser Tat Anteil. Denn die Vorbereitung, der Aufbau und die Ausgestaltung der menschlichen Organisation werden jedem Menschen durch Christus gewährt. Insofern beginnt jeder Mensch sein Erdenleben als *Gottessohn*.

Die Anthroposophie regt durch ihre Erkenntnisse und Beschreibungen eine Blickerweiterung und Blickverwandlung an. Dies wird besonders anschaulich im Bezug auf die Kreuzigung Jesu Christi. Der *äußere Blick* geht auf den sinnlich wahrnehmbaren geschundenen Körper, übersät von den Wunden der Geißelung. Matthias Grünewald hat diesen Anblick in seinen Kreuzigungsbildern radikal dargestellt. Der *Seelenblick* nimmt das Äußere zum Anlass, um in hingebungsvoller Empathie einzutauchen in das Erleben Jesu Christi in und an der Kreuzigung. Dies ist der Ursprung der Passionsmystik, die bis auf Paulus zurückgeht. Obwohl dieser den Gekreuzigten äußerlich höchstwahrscheinlich nicht wahrgenommen hat, kennt er das innere mystische Erleben, mit Christus zu leiden, mit Christus gekreuzigt zu werden, mit Christus zu sterben.

Rudolf Steiner fügt dem hinzu, was er mit dem Blick des Geistesforschers an Jesus Christus wahrnehmen konnte. Dieser Blick richtet sich auf die geistige *Urgestalt* des Menschen, wie sie als *Gedanke Gottes* aus dem Göttlichen hervorgegangen ist. Als Jesus Christus sich als Mensch inkarnierte, war die Menschprägung im Sinne des Urbildes in Folge des Sündenfalles aufs Höchste gefährdet.

Andererseits blieb auch ein Urbild des Menschen in der geistigen Welt erhalten. Der Logos, der Gottessohn, machte sich auf seinem Weg in die Erdenwelt zum Träger dieses im Geiste gehüteten Menschenbildes. Gleichzeitig wurde auf Erden durch Generationen der Leib des Jesus von Nazareth vorbereitet. Dessen Geburt ist eine Wirkung des Heiligen Geistes, der damals in der Generationenfolge ordnend wirkte. In der Jordantaufe konnte das geistige Urbild des Menschen wieder erscheinen: In einer Real-Intuition opferte sich das ganz zum reinen Menschheitsgefäß gewordene Jesuswesen dem Christus hin. Darüber ertönte die Stimme des Vaters: *Du bist mein vielgeliebter Sohn!* In Jesus trat der Christus als Mensch in die Erdenwelt. Sein Leben und Wirken reinigte die Konstitution des Jesus von Nazareth von letzten Resten der Verdunkelung.

So enthüllte sich dem inneren Blick des Geistesforschers das Bild des Gekreuzigten in seiner tieferen Wahrheit: Sieht man ab von dem geschundenen Körper, dann erlebt man die unermessliche Liebe des Christus, und es erscheint die geistige Urgestalt des Menschen in ungetrübter Reinheit.

Wie ist das Verhältnis dieser reinen Formgestalt des Menschen zu dem materiellen Körper des Jesus von Nazareth? Die Degeneration des Formleibes war dadurch bewirkt worden, dass die wachsende Identifikation mit dem Materiellen die Urgestalt des Menschen immer mehr infiziert hatte. Der in sich freie, leuchtende Formleib wurde getrübt durch den Hang des Menschen zur Materie, seine Lebendigkeit erstarrte zu dem festen Knochengerüst und drohte den Weg der Auflösung und Verwesung mitzumachen. Der Sündenfall hatte die Harmonie der Wesensglieder untereinander zerstört und, vom Astralleib ausgehend, in seinen Wirkungen den ganzen Menschen erfasst.

Christus hat durch sein Leben in einem Menschenleib den reinen Formleib herausgelöst, herausgerettet aus seiner tödlichen Affinität zur Materie. Der Menschensohn wurde in der Materie frei von ihr. Am Karfreitag befand sich das Menschenurbild nur noch in einem losen Zusammenhang mit der Materie des Körpers. Wie nach dem Gesetz des Beharrungsvermögens wurde die Materie des Körpers noch zusammengehalten, etwa wie ein Stück Holz so verbrennen kann, dass es seine äußere Form noch lange bewahrt, bis es zu Asche zerfällt. Als der Leichnam des Jesus Christus vom Kreuz genommen wurde, waren die Teile noch zusammenhaltend, aber in keiner Verbindung mehr mit dem geistigen Formleib. Dieser war völlig frei.

Zwischen Kreuzabnahme und Grablegung finden wir in der bildenden Kunst die Darstellung der *Beweinung*

Christi. Diese Darstellung, wie sie z. B. Grünewald im unteren Teil des Isenheimer Altars, in der Predella gegeben hat, erscheint in diesem Zusammenhang bedeutungsvoll. Denn jetzt stehen nicht mehr die äußeren Verletzungen des Körpers im Vordergrund. Die Seelen der trauernden Menschen sind nach der äußersten Anspannung unter dem Kreuz etwas ruhiger geworden. Der Leib selber, in seiner vollen Größe hingestreckt, soll jetzt von dem Betrachter – so scheint es – genauer angeschaut werden. Hatte Grünewald die Kreuzigung als Szene tiefster Erschütterung gestaltet, so geht von der Beweinung des Leichnams Stille aus. In dieser Stille kann sich der Leib neu und anders zeigen. Der blutleere helle Köper lässt etwas ahnen von dem reinen Formleib des Menschen, mit dem er verbunden war. Dieser zart leuchtende Leichnam ist wie ein Abdruck der übersinnlichen, reinen Formgestalt des Menschen, die ihn verlassen hat. Der von den Frauen und Johannes in Ehrfurcht beweinte, lichte Leichnam bildet den Übergang vom zerschundenen Körper des Gekreuzigten zum Sonnenleib des Auferstandenen.

Vor Beginn des Sabbat, also am frühen Abend des Karfreitag, wird der Leichnam in das Grab des Josef von Arimathia versenkt. Auch dieses Bild können wir wieder mit dem äußeren, dem seelisch-mitfühlenden und dem geistig forschenden Blick anschauen.

Ein Dreifaches geschieht. Der Christus Jesus bleibt von außen verbunden mit dem *Leib,* den er als Leichnam zurückgelassen hat, er geht – wie er es angekündigt hatte – zugleich im Tode zum *Vater* und er tritt ein in das *Totenreich*, um die Seelen der Verstorbenen aus dem Schatten des Todes zu erlösen. Wie ist dieses zugleich denkbar?

Wir können hier eine Schilderung des Thomas von Aquin (1225–1274) aus der »Summa Theologica« aufgreifen: Christus sei in den drei Tagen zwischen Tod und Auferstehung *als Ganzer* mit dem Leib vereinigt, *als Ganzer* in der Welt der Verstorbenen und *als Ganzer* im Himmel als göttliche Wesenheit. Auch diese Äußerung bleibt zunächst rätselhaft, kann sich aber erschließen, wenn man sich folgende Vorstellung bildet: Christus tritt mit seinem Tod aus der Raumeswelt in die geistige Wesenswelt. Diese ist außerräumlich und außerzeitlich, durchwirkt aber die raum-zeitliche Welt in geheimnisvoller Weise.

Dem Geistesforscher enthüllt sich die Bedeutung des im Grabe Liegenden noch auf eine besondere Weise. Es sind nicht nur Ruhe und Unantastbarkeit, die von diesem Leibe ausgehen. Dieser zart leuchtende Leichnam wird zum Mittelpunkt des *Karsamstagmysteriums*, er wird zu einem geistigen Zeichen. In den alten Mysterien wurde das Schauen der Mysterienschüler gefördert und entwickelt. Sie sollten aufsteigen vom äußeren über das seelisch-mitempfindende zum rein geistigen Schauen. Dem geistigen Schauen wurde alles Materielle durchsichtig. Die in der Materie wirksamen Gesetzmäßigkeiten und die sie leitenden Geistwesen offenbarten sich. Die massive Materie bildete dem Schauen kein Hindernis mehr. Man sprach deshalb vom *Schauen der Sonne um Mitternacht*, obwohl die Sonne, durch die Erde verdeckt, äußerlich unsichtbar war.

In den neuen Mysterien des Christentums kann allmählich etwas anderes an die Stelle treten:

> *Dasselbe, was bedeutet hat das ›Sehen der Sonne um Mitternacht‹, kann für den Christenmenschen werden die betende Ehrfurcht gegenüber dem Karfreitag- und Karsamstag-Mysterium.*

Sinnt man dieser erstaunlichen Äußerung Steiners nach, so ergibt sich Folgendes: An die Stelle der Erde in den alten Mysterien tritt der Erdenleib des Jesus Christus, der im Grab der Erde ruht. So wie die Erde dem Schauen der Mysten durchlässig, transparent wurde für die darin wirksamen Sonnenkräfte, so kann der Christ lernen, den zart leuchtenden Leichnam in seiner Transparenz zu erleben, als durchlichtet von dem hohen Sonnenwesen, das drei Jahre in ihm gelebt hat. Der erkennende Christ beginnt die Wahrheit des Rätselwortes zu ahnen, das Christus im Anschluss an das Schicksal des Jonas gesprochen hatte: *Wie Jona drei Tage und drei Nächte im Innern des Fisches zubrachte, so wird der Menschensohn drei Tage und drei Nächte im Herzen der Erde verweilen.* Dabei wird er – so können wir ergänzen – Licht in die Finsternis tragen, alles Materielle von innen her hell leuchtend und transparent machen. Die Auferstehung bereitet sich vor.

Die Auferstehung selber hat sich nach dem Willen der geistigen Welt so zugetragen, dass sie sich der äußeren Beweisführung entzieht. Auch die Evangelien beschweigen den eigentlichen Vorgang. Rudolf Steiner zeigt in verschiedenen Vorträgen einen inneren Weg zur Erkenntnis der Auferstehung Christi auf. Für diesen Weg muss die Seele sich aus dem Gefängnis des Materialismus befreien durch Kräftigung des Staunens, der Ehrfurcht, des Sich-im-Einklang-Fühlens mit der Welt und der Ergebenheit in den Weltenlauf. Dann erst kann die Seele mit höherer Erkenntnis begnadet werden.

Gleichzeitig wird sich das Denken verwandeln. Aus dem Empfinden der eigenen Unvollkommenheit kann der Impuls entstehen, die Gedankenformen zu erweitern, um das Denken vom Richtigen zum Wirklichen zu führen. Das Prinzip des Polgedankens ist notwendig für das denkende Erfassen der Auferstehung. Steiner hat dieses Prinzip auf folgende Weise entwickelt: Die Wirklichkeit ist unendlich vielfältig, vielschichtig, ja widersprüchlich! Das Denken muss also, um wirklichkeitsfähig zu werden, zu jedem Gedanken auch im Stillen den dazugehörigen Polgedanken mitdenken.

Als Beispiel wird der Gedanke *Gott ist in mir* angeführt. Für sich stehend ist dieser Gedanke zwar richtig, aber einseitig. Zu dem Gedanken *Gott ist in mir* gehört der Polgedanke *Ich bin in Gott*, der für sich genommen auch wieder einseitig ist. Beide zusammen genommen nähern sich der Wahrheit an, weil sie die in der Wirklichkeit bestehenden Widersprüche umfassen und integrieren. Die Idee der als Polarität zusammengehörigen Gedanken berührt sich mit dem Bemühen um ein ganzheitliches Denken, um das heute auf vielen Gebieten gerungen wird.

Es sind drei Gedanken-Polaritäten, ohne die wir Auferstehung nicht denken können. Zum einen, dass der Christus *zugleich* wahrer Gott *und* wahrer Mensch war und ist. Er hat zwar auf göttliche Allmacht verzichtet, aber er bleibt göttlich in seiner unermesslichen, unerschütterlichen Liebe zum Menschen. Zugleich aber nimmt er das Menschsein an, ja identifiziert sich mit dem Menschsein bis in den sterblichen Körper hinein. Und an dem gekreuzigten Menschen erlebt der römische Hauptmann zugleich: *Dieser ist wahrhaft Gottes Sohn gewesen!*

Die zweite Polarität betrifft den Gedanken *Christus in uns*, den wir, um das Ganze in den Blick zu bekommen, ergänzen müssen durch den Gedanken *Wir in Christus*. Das erste ist der mystische Aspekt des Göttlichen in uns. Eine alte indische Legende macht das sehr anschaulich:

> *Es gab eine Zeit, als alle Menschen Götter waren. Doch trieben sie mit ihrer Göttlichkeit dermaßen Missbrauch, dass Brahma, der Herr der Götter, entschied, ihnen die göttliche Macht wieder zu nehmen und diese an einem Ort zu verbergen, wo sie sie unmöglich wieder finden würden. Die große Frage aber war, wo sich ein geeignetes Versteck finden ließe.*

Als die niederen Götter zu einer Beratung des Problems zusammengerufen wurden, machten sie folgenden Vorschlag: »Lasst uns die Göttlichkeit des Menschen in die Erde vergraben!«, worauf Brahma entgegnete: »Nein, das genügt nicht, denn der Mensch wird graben, bis er sie findet.«
Also gaben die Götter zur Antwort: »In diesem Fall wollen wir die Göttlichkeit des Menschen in das tiefste Meer versenken.«
Brahma jedoch antwortete: »Nein, denn früher oder später wird der Mensch die Tiefen aller Ozeane erforschen und wird sie mit Sicherheit eines Tages wieder finden und an die Oberfläche bringen.«
So kamen die niederen Götter zu dem Schluss: »Wir wissen nicht, wo wir sie verbergen sollen, denn weder auf der Erde noch im Meer scheint es einen Ort zu geben, zu dem der Mensch nicht eines Tages Zugang finden würde.«
Also sprach Brahma: »Wir werden mit der Göttlichkeit des Menschen Folgendes tun: Wir verbergen sie in den Tiefen seines eigenen Inneren, denn das ist der einzige Ort, wo er nie darauf kommen wird, zu suchen.«

Christus erneuert und stärkt diesen göttlichen Funken in uns. Christus ist der Erwecker des Höheren in uns und darin uns unendlich nahe, ja näher als wir uns selbst. Zugleich ist er aber auch das kosmische, weltenweite Wesen, der Herr der Elemente, der das Leben der Welt trägt und ordnet, der für alle Menschen da ist, der die ganze Menschheit repräsentiert.

Die dritte Polarität betrifft Urbeginn und Ziel: Christus ist das Alpha und das Omega. In seiner Eigenschaft als Sohn Gottes, als schaffendes Wort, ist er Urbeginn, Schöpfer des Menschen nach dem Bilde Gottes. Er ist Träger des lebendigen, realen Gottesgedankens »Mensch«. Er ist aber zugleich das Zukunftsideal des Menschen, der vollkommene Mensch, das Ziel unseres Menschwerdens. So ist der Auferstehungsleib zugleich das wiederhergestellte Urbild des Menschen in seiner rein geistigen Formgestalt, er ist aber zugleich erneuert, neu gestaltet aus der Kraft der Todüberwindung. Die Wundmale wurden leuchtende Kraftzentren, die auf die todüberwindende Kraft deuten, die dem Menschenleib neu verliehen wurde. So ist das urälteste Wesensglied zugleich das neue, von allen Menschen einmal in Zukunft zu erreichende.

Wenden wir unseren Blick aus dieser Einstimmung und gedanklichen Vorbereitung heraus dem Auferstehungsgeschehen selber zu. Was ist wirklich geschehen in der Osternacht, in der Frühe des Ostermorgens? Dem äußeren Blick zeigt sich das leere Grab, das sich Gegner nur durch Diebstahl des Leichnams erklären können. Die Evangelien schildern die Wege der Frauen und der Jünger, wie *ihres Herzens Härtigkeit* allmählich überwunden wird und einem schauenden Erleben des Auferstandenen weicht. Was fügt der Blick des Geistesforschers hinzu?

Zunächst ist festzuhalten, dass Jesus Christus auch nach Steiners Auffassung wirklich am Kreuz gestorben ist. *Der Christus Jesus hat unter Pontius Pilatus den Kreuzestod erlitten,* heißt es im Credo der Christengemeinschaft. Er hat dies mit höchster Anspannung durch die Schmerzen der Kreuzigung und zugleich in höchster Souveränität und Freiheit *vollbracht.* Auch wenn sich sein geistiges Wesen dem Leibesgeschehen gegenüber souverän verhalten hat, bedeutet dies nicht, dass es sich im Sinne der alten Gnosis schon vom sterbenden Körper getrennt hätte. Christus war, um es paradox auszudrücken, *leibfrei im Leibe.* Innerlich ist sein Sterben höchste Aktivität, die während der drei Tage anhält. Der Terminus »drei Tage« ist in diesem Zusammenhang kein äußerer Zeitbegriff, sondern stammt aus den Mysterien, in denen der Myste am dritten Tage aus dem Mysterienschlaf erweckt wurde.

Im Neuen Testament taucht häufiger der Ausdruck auf, dass Christus vom Vater auferweckt wurde, seltener, dass er selber auferstanden ist. Der Form nach ist *auferweckt* eine Passivform, d. h. der Vatergott wird als der Tätige erlebt, Christus als der Empfangende. Damit wird das Osterereignis im Verstehen der Evangelisten zunächst eingereiht in die Totenerweckungen im Alten und Neuen Testament, was eine Brücke schafft zum Verständnis der Auferstehungstat Christi. Christus hat das unerhört Neue der *leiblichen* Auferstehung vollbracht. Das Ostergeschehen konnte erst nach und nach als höchste Aktivität und Tat Christi, als *Auferstehung* erkannt werden.

Im Credo der Christengemeinschaft wird die Aktivität Christi betont. Schon Karfreitag heißt es, dass Christus den Kreuzestod *erlitten* habe – eine aktive Form – bis er Ostern *den Tod überwand*. Ostern ist die *Lebenstodestat* Christi. Die *Andacht an Christi Tat* ist das Tor, durch das wir eintreten in das Vollbringen des Kultus, der die Auferstehung immer neu feiert. Was aber ist mit dem physischen Leib geschehen?

Hier müssen wir alles zusammennehmen, was wir bisher gedanklich vorbereitet haben. Christus ist wirklich in einen menschlichen Leib, den Leib des Jesus von Nazareth eingezogen durch die Taufe im Jordan. Dieser Taufe wird in der heutigen Theologie keine besondere Bedeutung beigemessen. Aus der Sicht Steiners aber ist das, was menschenkundlich-okkult hierbei geschah, die Grundlage für die Auferstehungstat Christi. Steiner betont, dass Jesus von Nazareth ein dem Irdischen zugewandtes Leben geführt und sich zugleich durch völligen Selbstverzicht hingeopfert hat, um bei der Taufe das reine Gefäß für den Christus bilden zu können. Nur dadurch, dass Jesus sich mit der physischen Welt tief verbunden hatte, konnte der Christus auch tief in das Leibesgefüge eingreifen und es bis in die Knochen durchdringen.

> *Es schießt etwas durch den ganzen Leib des Jesus von Nazareth bis in diejenigen Glieder hinein, welche in der heutigen Menschheitsentwicklung am meisten dem Einflusse des Menschen entzogen sind: bis in die Knochen hinein geschieht etwas.*

Der so vom Sonnenfeuer des Christus durchglühte Jesusleib ist einzigartig in der Menschheitsgeschichte. Die Logoskräfte ergriffen ihn in der Taufe derart, dass sie die Auf- und Abbauprozesse bis in das Skelett hinein führten, wie es sonst nur in der frühen Kindheit der Fall ist. Die königliche Hoheit über den Leib wird bei der Taufe wie blitzartig wieder hergestellt, um dann im Fortgang der drei Jahre die ahrimanischen Kräfte der Verfestigung und Erstarrung in der Leiblichkeit vollends zu bannen.

Auf Golgatha vollendet sich dieser Prozess der Heilung der Sündenkrankheit an dem Leiblichen des Menschen. Die geistige Formgestalt des Menschen ist befreit von den Fesseln des Mineralischen. Solange es für seine Mission nötig ist, hält Christus seinen Leib zusammen, er trägt ihn wie ein Kreuz. Aber auch das Stoffliche selber, durchfeuert und durchglüht zu Knochenasche, hat sich verwandelt. Die Balsamierung nach der Kreuzabnahme hat nicht wie in Ägypten den Leib zur Mumie konserviert, sondern den Vergeistigungsprozess beschleunigt. Nun wird denkbar, dass nach drei Tagen die Leiblichkeit des Jesus Christus seinen Stoffen nach schon weitgehend durchglüht, zu Knochenasche innerlich verbrannt war. Dieser durchgeistigte heilige Rest wurde nach der »kosmischen Kremation« während der Erdbeben von der Erde aufgenommen als Ferment einer künftigen Verwandlung und Vergeistigung der Erde.

Aus dem Grab aber erhebt sich der sonnenhafte Jesus Christus, erscheinend in dem reinen Formleib des Menschen. Dieser Formleib ist durchsichtig, Leben schaffend, und er ist reine Bewegung. Nur durch übersinnliches Schauen kann erlebt werden, dass die Wundmale zu sonnenhaften Kraftquellen geworden sind. Christus kann diesen Formleib immer neu schaffen und immer neu hinschenken wie eine Flamme. Die Dynamik kommt zum Ausdruck dadurch, dass der von der Materie frei gewordene Formleib und Ätherleib frei zusammenwirken, verdichtend und lösend-weitend.

Die Auferstehungskraft Christi offenbart sich in drei Namen: Wir sprechen zumeist von dem *Auferstandenen*, der damals die Tat der Auferstehung vollbracht hat. Wir können aber auch von dem *Auferstehenden* sprechen, denn seine Tat wirkt weiter, zieht immer weitere Kreise. Und schließlich von dem Namen, den er sich selbst gegeben hat: *Ich bin das Auferstehen und das Leben*. Überall, wo Auferstehung geschieht, wo dem Tod und den Toden neues Leben abgerungen wird, ist er in seiner Dynamik anwesend und wirksam.

Wollen wir den Auferstehungsleib denken, so müssen wir ihn durchsichtig, schöpferisch-lebendig, kraftvoll-dynamisch denken. Wir müssen – paradox gesagt – den *Leib der Auferstehung* denken, d. h. Auferstehung als Leib bildendes und Leib schaffendes Geschehen. Jetzt wird deutlich, dass dieser dynamische Leib zugleich Leib der Gemeinde sein kann, dass die Gemeinde in ihren Gliedern den Leib des Christus bilden kann.

Wie wenig das Auferstehungsgeschehen von Steiner als abgeschlossen und vollendet angesehen wird, soll zum Abschluss dieses Kapitels dargestellt werden. Einerseits ist dem Auferstandenen *alle Gewalt im Himmel und auf Erden* gegeben, andererseits beschreibt Steiner, dass Christus nicht nur zu seiner Erdeninkarnation einer menschlichen Hülle bedurfte: Der auferstandene, heute den Menschen wieder nahe kommende Christus bedarf unseres Entgegenkommens. Wir bilden als Menschen mit an seinem Astralleib durch alles Staunen und ehrfürchtige Bewundern des Schönen, Guten und Wahren. Wir schaffen ihm eine Lebenshülle durch alle Empfindungen und Taten, die von Mitleid und Liebe erfüllt sind. Wir bereiten ihm einen physischen Leib, d. h. einen rein geistigen Formleib, indem wir auf unser Gewissen hören und aus unserem Gewissen leben und handeln. Welche Paradoxie: Wir empfangen den geistigen Leib des Christus, den wir ihm zugleich schaffen.

Dieser paradox erscheinende Vorgang erinnert an die »Theosophie«. Dort wurde von Steiner dargestellt, dass die höheren Wesensglieder des Menschen schon existieren, zugleich aber vom Menschen erst hervorgebracht werden müssen. Die Auferstehung Christi ist höchste Gnadentat, sie ist aber auch Aufforderung und Ansporn zu höchster Aktivität des Menschen. Aber nicht nur auf die Erlösung des Menschen zielt die Auferstehung Christi ab, sondern auf die Errettung und Verwandlung von Erde und Kosmos. In dem Maße, wie die Auferstehungskräfte vom Menschen ausgehend in der Welt wirksam werden, sollen wir in Zukunft *Gottes Mitarbeiter* (Paulus) werden, durch Christus in uns mitwirken an der Wiederbelebung des ersterbenden Edenseins, mitwirken an der Auferstehung der Erde und des Kosmos, die schließlich münden wird in den *neuen Himmel und die neue Erde* (Offenbarung des Johannes).

So mögen die aus der Anthroposophie aufgezeigten Wege zur Erkenntnis der Auferstehung der wichtige Ausgangspunkt sein, immer mehr sich das Erkannte zu Herzen zu nehmen, es zum Fundament eines neuen Glaubens zu machen, aus dem die Auferstehung in uns und durch uns für Erde und Kosmos hervorblüht.

Feierlich sollte es stimmen,
ein Geistiges mit physischen Sinnen
in der physischen Welt
als Menschengestalt wahrzunehmen.

Rudolf Steiner

Der gleiche Künstler wie bei der
ersten Schöpfung
ist bei der späteren Umgestaltung tätig.

Gregor von Nyssa

Wir sind Christi Haus.

Brief an die Hebräer

III. Bilder der Auferstehung – Perlen aus zweitausend Jahren christlicher Überlieferung

1. Die Auferstehungsanschauung in der frühen Kirche

Eine frühchristliche Osterpredigt. Der ursprüngliche Mensch im Glauben der Kirche. Die Leiblichkeit des Urmenschen. Die Wirkungen des Sündenfalls auf den Menschen. Die Menschwerdung Christi. Seine Auferstehung – Überwindung des Todes. Das »Gold des Leibes«.

Der Glaube an die Auferstehung Christi hat für die frühe Kirche ihren selbstverständlichen Ort im Rahmen der Heilsgeschichte: Der von Gott geschaffene und gewollte Mensch geriet durch den Sündenfall *in des Teufels Gefangenschaft* (Tertullian). Da nimmt Gottes Liebe zum Menschen Fleisch an in Jesus Christus, der den Menschen durch seinen Tod und seine Auferstehung erlöst. Daraus ergeben sich die Einzelaspekte, die den Heilsprozess ausmachen, und die sich wie eine *Kette des Heiles* zum Segen der Menschheit aneinanderfügen.

Eine frühchristliche Osterpredigt

Welche lebendige Kraft vom Auferstehungsglauben ausgehen kann, zeigt uns eine Predigt von *Gregor von Nazianz* (326–390) zum Heiligen Osterfest. Wie alle seine Werke trägt diese Osterpredigt stark persönlichen Charakter, ohne subjektiv zu sein. Gregor setzt sich in unmittelbare Beziehung zum Christusgeschehen, das von ihm als gegenwärtig erlebt wird. Der Glaube an den Auferstandenen beflügelt ihn. Osterenthusiasmus durchweht die Predigt. Der Glaube an den auferstandenen Christus wird zur eigenen Auferstehung, zu der der Prediger Gregor auch seine Gemeinde führen möchte.

> *Tag der Auferstehung: ein günstiger Anfang! Lassen wir unser Licht am Festtag leuchten. Umarmen wir einander. Bezeichnen wir als Brüder auch jene, die uns hassen, und selbstverständlich die, welche aus Liebe gearbeitet und gelitten haben. Fügen wir uns in allem der Auferstehung!*

Die Kraft des Christus in der Seele wirkt sozial heilend, regt den Impuls an, auch die zu lieben, *die uns hassen*! Die folgende Christusmystik wandelt in den Spuren des Paulus:

> *Verzeihen wir einander: Gestern wurde ich mit Christus gekreuzigt, heute werde ich mit ihm verherrlicht. Gestern wurde ich mit ihm getötet, heute*

werde ich mit ihm zum Leben gerufen. Gestern wurde ich mit ihm begraben, heute werde ich mit ihm auferweckt.

Das innere Miterleben mit Christi Tod und Auferstehung weckt die Opferbereitschaft in der Seele:

Opfern wir uns selbst, den Gott teuersten und eigensten Besitz! Geben wir dem Bilde das, was nach dem Bilde geschaffen ist, erkennen wir unsere Würde, halten wir das Urbild in Ehren! Erfassen wir die Bedeutung des geheimnisvollen Festes und den Zweck des Todes Christi! Werden wir wie Christus, da Christus uns gleich geworden ist. Werden wir seinetwillen Götter, da er unseretwegen Mensch geworden ist. Alles möge man ihm geben, ihm opfern, der sich als Lösegeld und Sühne für uns hingegeben hat! Keine Gabe aber wird wertvoller sein, als die eigene Person, sofern sie das Geheimnis erfasst und um Christi Willen alles ist, was er unseretwegen war.

Tod und Auferstehung Christi werden aus großer Perspektive als Höhepunkt und Krönung eines langen Prozesses verstanden. Die Selbstentäußerung Christi ermöglicht die Auferstehung des Menschen:

Das Geringere nahm er an, um das Bessere zu geben. Er wurde arm, damit wir durch seine Armut reich würden. Er nahm die Gestalt eines Knechtes an, damit wir die Freiheit erhielten. Er stieg auf die Erde herab, damit wir erhöht würden. Er ließ sich versuchen, damit wir siegen. Er ließ sich entehren, um uns zu ehren. Er starb, um zu retten. Er fuhr zum Himmel, um die, welche von der Sünde zu Boden gestreckt wurden, an sich zu ziehen.

Der Glaube an Christi Auferstehung wird zur inneren Aneignung des Christus-Geschehens. Gerade im Opfer erkennen wir unsere Würde als Menschen neu, erfassen wir das Ostergeheimnis: Gregors Predigt ist ein schönes Beispiel für den aktiven Glauben der ersten Christen.

Dieser Osterglaube musste sich in einer Welt behaupten, die dem Christentum zunächst kritisch gegenüberstand. Nach außen mussten die Christen ihren Glauben verteidigen, nach innen suchten sie die Kerninhalte des christlichen Glaubens selber immer tiefer zu erfassen. Sie setzten sich mit anderen Anschauungen auseinander (etwa der Gnosis), um sie mit Argumenten zu widerlegen. Die eigene Anschauung wird durch Abwehr verteidigt und präzisiert.

Die spekulative Vertiefung dagegen hat es nur mit dem eigentlichen Thema (zum Beispiel die Auferstehung des Fleisches) zu tun: Wie kann die Glaubenstatsache der Auferstehung immer besser, immer einleuchtender und präziser nachvollzogen und begreiflich gemacht werden? Daran schließen sich die Fragen an: Wie kann der auferstandene Christus gegenwärtig erlebt werden? Wie kann

Ostern so gefeiert werden, dass es immer wieder aufs Neue *geschieht*, Ereignis wird, sodass der Auferstandene in der Gegenwart erlebbar wird? Welche Hoffnungen birgt die Kraft der Auferstehung lebensgeschichtlich für den einzelnen Menschen, für die Menschheit im Ganzen und für die Evolution der Erde? Wie wird aus der Auferstehung des Einen die Auferstehung aller? Wie wird Christus, der zweite und letzte Adam, zum Stammvater einer neuen Menschheit?

Der ursprüngliche Mensch im Glauben der frühen Kirche

Dass die Erschaffung des Menschen aus der Sicht der frühen Christen direkt mit Christus verbunden ist, wird bei den Kirchenvätern u. a. von *Tertullian* (160–220) ausgeführt. Er versucht sich ganz hineinzuversetzen in den Schöpfungsmythos der Genesis: Gott nimmt Materie, Erdenstaub, um ihr das Menschenbild einzuprägen. Gott war ganz hingegeben – *seine Hand, sein Sinn, sein Wirken, sein Plan, seine Weisheit, seine Vorsehung* – an den Prozess der Menschenschöpfung. Sein Tun ist ein Akt höchster Liebe, denn Gott gibt hinein in diesen Schaffensprozess … *vor allem seine Zuneigung selbst, welche die Umrisse eingab …*

Damit erinnert Tertullian an den Schöpfungsspruch der Genesis – *Wir wollen den Menschen machen nach unserem Bilde und Gleichnisse* – und erklärt den Plural *wir* als Anrede des Vaters an den Sohn, als Aufruf zu gemeinsamem Tun. So schuf Gott den Menschen *nach dem Ebenbilde Gottes, d. i. wohlgemerkt Christi*. Der Mensch war in seiner Erschaffung schon angelegt auf den künftig im Fleische erscheinenden Christus! Indem Christus Mensch wurde, kam er in sein Eigentum.

Da nun wiederum der Sohn das Bild des Vaters ist, tragen die Menschen fortan *das Bild des Schöpfers selbst in sich*. Der Mensch ist *Gottes Gebild*, sein Werk, aber innerhalb der Werke Gottes ausgezeichnet durch den aktiven Anteil, den der Mensch am Logos hat. Diese Gnade der Gottebenbildlichkeit erscheint zum einen als Vernunft, zum anderen aber in der Schönheit des menschlichen Leibes! Seine Gestalt spricht von seiner hohen Herkunft, die höher ist als das, was die Anatomen *in ihrem etwas grausamen Eifer* entdecken, indem sie *alles Verborgene durchwühlen*. Am Menschenleib erscheint der Logos als begriffliche Schönheit.

Die Leiblichkeit des Urmenschen

Ambrosius von Mailand (333/334–397) stellt sich die Frage, wie dieser Menschenleib im Ganzen der Welt steht, welche Stellung er im Kosmos hat. Zunächst rühmt auch er die aufrechte Gestalt als Qualität der Mitte. Der Bau des menschlichen Körpers ist ein *Bild der Welt*, besonders das Haupt, das über die übrigen Leibesglieder hinausragt wie der Himmel über die Erde.

Ein Kerker wäre der ganze Leib, vor Finsternis starrend, wenn er nicht vom Blick des Auges erhellt würde. Was dic Gestirne für den Himmel sind, sind die Augen für den Menschen. Die Augen sind gleichsam *die Sterne am Haupt.* Sie empfangen nicht nur das Licht von außen, sondern mit ihrem Blick leuchten sie von der Höhe, *bestrahlen das Untenliegende mit hellem Licht.* Die Ohren sind die Organe, die die Welt in ihrer Tiefe wahrnehmen und von verborgenen Dingen erfahren. Zuletzt rühmt Ambrosius am Menschen die freie Stirn. Wendet sich der Mensch seinem Gotte zu, wird die Stirne zum *Säulensockel des Glaubens, worauf täglich der Name des Herrn gezeichnet und bewahrt wird.*

Fassen wir zusammen: Für den Glauben der frühen Christen ist die Gnade der Gottesebenbildlichkeit der Ursprung ihres Menschseins. Diese Gottverbundenheit spricht sich in der Leiblichkeit des Menschen aus. Die aufrechte Haltung, die Harmonie der Leibesglieder werden als Ausdruck des Göttlichen, als *Fußspur des Logos* erlebt.

Der Paradiesesmensch war noch nicht sterblich. Er besaß eine Leiblichkeit, die von den Kräften des Todes noch unberührt war. Als Ebenbild des Schöpfers trug er dessen Bild in sich und hatte Anteil an dessen Unsterblichkeit. Der Mensch war von der Herrlichkeit Gottes umkleidet.

Von dieser Herrlichkeit des Urmenschen spricht noch der 8. Psalm: *Du ließest ihm wenig fehlen an der Gotteswürde. Mit Offenbarungslicht und Hoheitsglanz kröntest du ihn.* Was den Menschen krönt, ist in Wahrheit das, was er aus den Himmeln empfängt. Der Mensch wird gekrönt durch seinen Anteil an der göttlichen Welt. Dieses höhere Licht überstrahlt den ganzen Menschen mit *Gloria und Majestät*. Durch den *Sündenfall* aber verlor der Mensch seine Krone und seine Lichtgewänder. Dieser Vorgang spielt für das Denken der frühen Christen eine wichtige Rolle.

Die Wirkung des Sündenfalls auf den Menschen

Johannes Chrysosthomos (349–407) geht auf den Sündenfall am ausführlichsten ein. Als Wirkung des Essens vom Baum der Erkenntnis erlebten Adam und Eva, dass sie nackt waren. Johannes weist aber darauf hin, dass sie schon vorher sehen konnten, denn sie konnten in der Gegenwart Gottes allem Geschaffenen den wahren Namen geben. Dazu aber mussten sie das Wesen der Dinge der Welt sehen können!

Durch den *Sündenfall* wurden ihnen die Augen *für das Äußere* aufgetan, das nun vom Göttlichen entkleidet war. Sie sahen nun die Welt in ihrer *nackten Existenz*. Sie selber wurden in Folge der Gebotsübertretung *der sie umkleidenden Herrlichkeit entkleidet, der himmlischen Gnade beraubt*. Der Leib des Menschen wurde sterblich. *Denn dass der Leib uns beschwerlich, dass er uns eine drückende Last ist, das rührt nicht von seiner Natur, sondern von der Sterblichkeit her, die ihm später eigen geworden ist.*

Augustinus (354–430) drückt in seinen Erklärungen zu den Psalmen diesen Verlust sehr drastisch aus. Aus dem göttlichen Leibes-Tempel wurde ein *Kerker*. Hier sei zu unterscheiden zwischen dem Leib als Gottes Schöpfung und dem Verfall des Leibes als Folge des Sündenfalls. Dass wir gebrechlich, sterblich, bedürftig sind, macht das Fleisch zum Kerker. Aber nicht der Leib ist ein Kerker, *sondern der Verfall deines Leibes*. Damit ist eine Unterscheidung eingeführt, die für die Frage der *leiblichen* Auferstehung von entscheidender Wichtigkeit ist: Die Unterscheidung zwischen der ursprünglichen Leiblichkeit des Menschen und der vom Sündenfall veränderten Leiblichkeit.

Die Menschwerdung Christi

Zu dieser Frage äußert sich *Athanasius* (um 299–373) ausführlich, der nicht nur zutiefst überzeugt ist von der uneingeschränkten Göttlichkeit Christi, sondern auch von der verborgenen Göttlichkeit des Menschen. Unter Berufung auf die Heilige Schrift spricht er dem Menschen die Göttlichkeit zu: *Ich habe gesagt: Götter seid ihr und Söhne des Allerhöchsten …*. Dieses Psalmenwort bekommt ein zusätzliches Gewicht dadurch, dass Christus es selber zitiert: *Steht nicht in eurem Gesetz zu lesen: ›Ich habe gesprochen: Ihr seid Götter?‹*

Für Athanasius ist Gott die Quelle aller Güte. Die Sendung des Heilands ist Gottes Antwort auf die Selbstgefährdung des Menschen. Menschwerdung, Tod und Auferstehung des Sohnesgottes haben ihren Sinn darin, den Gott im Menschen wieder aufzurichten. Unsere Sünde hat *die Menschenliebe des Logos* herausgefordert. *Wir sind die Ursache seiner Verkörperung und um unseres Heiles willen offenbarte er seine Menschenliebe* bis hin zu Tod und Auferstehung. *Denn er wurde Mensch, damit wir göttlich würden*.

Christus verband sich mit einem besonders vorbereiteten menschlichen Leib, der die *Theophanie des Logos* unter den Menschen ermöglichte. Der Logos bereitet sich den Leib *zum Tempel und eignet sich ihn als Werkzeug an, gibt sich in ihm zu erkennen und wohnt darin*. Er war immer *Meister* über diesen Leib, nicht an ihn gefesselt, *sodass er sowohl in diesem, als auch in allem anderen war, und sogar außerhalb der Dinge und im Vater allein ruhte*. Darüber hinaus opfert Christus im Tod seinen Leib als *Weihegabe* dem Vater dar als Liebe zu den Menschen. Tempel, Werkzeug, Offenbarungsort, Wohnung und Weihegabe wird der Menschenleib unter der Einwirkung des im Menschen wirkenden Logos.

Athanasius kommt auf diese Weise zu einem großartigen Gesamtbild des inkarnierten Logos. Ein Dreifaches bestimmt dessen Existenzform: Der Logos lebte in einem Menschen, er belebte das All mit seiner Kraft und zugleich wusste er sich als Sohn in seinem Bewusstsein eins mit dem Vater.

Seine Auferstehung – Überwindung des Todes

Der Logos war durch die Verbindung mit dem Leib des Jesus von Nazareth zugleich offenbar und verborgen. So wurde er von vielen für einen bloßen Menschen gehalten. Darüber, dass der Herr einen wirklichen Menschenleib angenommen habe, sind sich die frühen Väter einig. Wie aber ist dieser Leib *beschaffen*? Einerseits ist dieser Leib auf menschliche Weise geboren und unterliegt dem Tod, und es gehört zentral zu Christi Passion, dass er die Konfrontation mit dem Tod aktiv suchte. Zugleich war er als Logos Herr über den Leib und konnte ihn in die Auferstehung führen.

Durch seine Inkarnation hat Christus den Menschenleib gereinigt. Denn das Haus des Leibes musste von der Sünde gereinigt werden: *Wir behaupten auch gar nicht, der Leib der Sünde sei in Christo entfernt worden, sondern die Sünde des Leibes; nicht dessen Materie, sondern seine Beschaffenheit; nicht seine Substanz, sondern seine Schuld.* Der Leib als solcher kann von sich aus gar nicht schuldig werden, sondern nur durch die Seele. Die Schuld der Seele hat *abgefärbt* auf den menschlichen Leib, hat ihm Sterblichkeit zugefügt. Die Vergänglichkeit ist *erworbene Eigenschaft* des Leibes. Man muss deshalb unterscheiden zwischen dem sterblichen Fleisch und der unsterblichen *Grundidee, die jedem Körper innewohnt.* Das bedeutet, dass das Schicksal des Leibes abhängt vom Verhalten der Seele. Wie aber wirkt eine *göttliche Seele* auf den Leib? Zuerst hat Christus den Leib ganz in Besitz genommen, denn der Leib ist *der geliebte Tempel des Geistes, die Wohnung des Friedens*. Er hat nicht nur den Leib aus des *Teufels Gefangenschaft* befreit, sondern, indem er den Leib heiligte, zugleich den Tod getötet. Er hat den Leib so in Besitz genommen, ihn so durchdrungen, dass er ihn auch im Tode ungeteilt und ganz bewahrte. So hat er die Unsterblichkeit neu errungen, sie ist die *Frucht seines Kreuzes*. Aus seiner Menschenliebe hat der Herr die Menschen, die in die Verweslichkeit gefallen waren, wieder zur Unverweslichkeit erhoben und sie vom Tode zu neuem Leben erweckt, *indem er durch die Aneignung des Leibes und die Gnade der Auferstehung den Tod in ihnen wie eine Stoppel im Feuer vernichtete*.

Da die Rückwirkung jeder Handlung auf den Handelnden sehr viel schwerer zu erfassen ist, als das äußere Handlungsgeschehen, ist auch die *Aneignung des Leibes* durch den Herrn sehr viel schwerer zu beschreiben als seine Lehre und sein Tun. Tertullian hat sich in zwei Schriften ausführlich mit der Leibfrage auseinandergesetzt, einmal »Über den Leib Christi«, zum anderen »Über die Auferstehung des Fleisches«. So wird Christi Verwandlungstat sogar als etwas Höheres angesehen als die erste Schöpfung: *Eine Wesenheit umwandeln ist etwas Größeres, als einen Stoff hervorbringen*.

Das »Gold des Leibes«

Für den Auferstehungsglauben ist die Frage zentral, was *leibliche* Auferstehung bedeutet. Bei den frühen Vätern finden wir dazu Denkansätze, die den Auferstehungsglauben mit Erkenntnislicht durchdringen. Ein solcher Ansatz ist der Gedanke, dass Christus auferstehen konnte dank der umfassenden göttlichen *Wandlungskraft*. Denn Gott ist der *Wiederhersteller aller Dinge*:

> *Der Tag stirbt hin, es wird Nacht; er wird überall in Finsternis begraben. Der Glanz der Schöpfung verdunkelt sich, und alles hüllt sich in Schatten. Alles entfärbt sich, schweigend und wie verblüfft; überall ist Stillstand und Ruhe aller Dinge. Das ist die Trauer um das verlorene Licht. Und dennoch erwacht es samt seinem Gefolge und seinen Gaben wiederum mit der Sonne, noch ganz dasselbe, unversehrt und vollständig über den ganzen Erdkreis; nun tötet es seinen Tod, die Nacht; es zerbricht sein Grab, die Finsternis.*

Wie kommt Tertullian von diesen Beobachtungen zum Gedanken der Auferstehung?

Der regelmäßige Wechsel in der Natur enthält Leben und Tod. Die Natur selber wird dadurch Lehrmeisterin, den Wechsel der Dinge richtig zu verstehen. Denn warum ist die ganze Schöpfung auf Wechsel eingerichtet? Um ihrer Selbsterhaltung willen! Die Natur *entwendet, um wiederzubringen; sie verdirbt, um zu bewahren; sie beschädigt, um wiederherzustellen.* Alles nimmt sein Ende um neu zu entstehen. Es geht zugrunde zur eigenen Erhaltung. So wird der Wechsel der Dinge zum *Zeugnis für die Auferstehung der Toten*, das Weltall im Ganzen wird zum *Sinnbild der Auferstehung*!

Tertullian spürt aber wohl selber, dass er mit dem Tod als *Kunstgriff, viel Leben zu haben* (Goethe), die Auferstehung Christi noch nicht befriedigend erklären kann. Diejenigen, denen seine Darstellung von Gott als *Wiederhersteller* aller Dinge zur Klärung nicht genügt, verweist er auf den Mythos vom Vogel Phönix, der sich selbst begräbt, dann aber erneuert, und so aus seinem Tod die eigene Neugeburt nach dem Tod macht.

Schon im alten Ägypten galt der Vogel Phönix als Bild der Wiedergeburt. Der Vogel Phoenix baut sich für seinen Tod ein Nest aus Weihrauch, Myrrhe und anderen wohlriechenden Gewächsen. Aus seinem Leichnam geht er selber erneuert hervor, die Knochen aber des verstorbenen Leibes bringt er auf dem Altar des Sonnengottes Helios dar.

Auf Christus übertragen bedeutet dies: *Seid unbesorgt, Fleisch und Blut, ihr habt in Christus das Reich Gottes und den Himmel bereits inne!* Unser Leib ist *in Sicherheit bei Gott hinterlegt*, denn Christus hat *dem Fleische den Geist und dem Geiste das Fleisch* wiedergegeben.

In diesem Sinne sprach schon Paulus davon, dass wir nach dem Tode *ein Haus aus Gott haben, ein ewiges, in den Himmeln.* Der irdische Leib wird Zelt genannt wegen seiner Vergänglichkeit. Denn der Tod wird die vollständige Auflösung des Leibeszeltes bringen, aber *nicht des Leibes schlechthin, sondern der Verweslichkeit am Leibe …* Der irdische Leib wird nicht vernichtet, sondern aufgelöst. Es lösen sich die vergänglichen Bestandteile in die Elemente auf. Erhalten bleibt die *unsterbliche Grundidee* des Leibes. Das *vollständige, ganze Gefüge,* das den Stoffen zugrunde liegt, befreit sich aus der Fesselung an die Materie. Der *Tempel des Leibes* wird wieder aufgerichtet.

So konnte der Menschenleib, nachdem Christus ihn sich angeeignet und vollständig durchdrungen hatte, *glänzender und strahlender wieder auferstehen.* So wie der erste Adam Gottes Werk, göttliches Kunstwerk, unberührt von Tod und Vergänglichkeit war, so ist der zweite Adam die erneuerte wahre Menschengestalt, die dem Tode abgerungen wurde. Der Auferstehungsleib liegt deshalb *gleichsam in der Mitte zwischen Verweslichkeit und Unverweslichkeit.* Im Auferstehungsglauben lässt Christus das Verwesliche zurück und überkleidet das vollständige Gefüge des Leibes, seine gottgewollte Gestalt aufs Neue mit der Herrlichkeit Gottes, die dem Leib durch den Sündenfall verloren gegangen war. Es musste *der Logos persönlich* zu uns kommen, um den Menschen in seiner Gottebenbildlichkeit wiederherzustellen. Er hat gehandelt wie ein Restaurator: Wenn eine auf Holz gemalte Figur im Laufe der Zeit nahezu unkenntlich geworden ist, muss auf ihm *die Figur nachgezeichnet* werden.

Ebenso habe sich der *allheilige Sohn* auf Erden eingefunden, um den nach ihm erschaffenen Menschen zu erneuern. Die Figur, das Bild des Menschen, wird durch Christus wiederhergestellt. Das Bild erscheint zwar an der Materie, ist selber aber nicht materiell.

Tertullian schließlich bringt die Tat Christi, durch die er den Menschenleib dem Tod entrissen hat, in ein weiteres wunderbares Bild, das diesen Abschnitt zusammenfassen soll. In der Erde gibt es Gold, und zwar – wie wir heute wissen – überall in feinster Verteilung, auch im menschlichen Leib. Wie Sonnenstaub durchdringt das Gold alles Erdendasein. Christus konnte aus seiner Menschenliebe heraus *das Gold des menschlichen Leibes aus dem vermeintlichen Schmutz der Erde herausschmelzen* und den Leib in seiner göttlichen Gestalt wiederherstellen.

2. Begegnung mit dem Auferstandenen

Die Sonne als Bild des Auferstehungsreiches. Christus als unsterblicher Bruder. Gottesfreundschaft. Die Bildung höherer Wahrnehmungsorgane aus dem Glauben. Begegnung mit dem Auferstandenen in der Eucharistie.

Aus dem *sterblichen Wohnzelt* auf Erden hat Christus das *ewige, himmlische Haus* herauserlöst. Dieses *Gold des Leibes* ist herausgeschmolzen aus der vergänglichen

Welt durch das Feuer der göttlichen Liebe. Als zweiter Adam hat Christus den menschlichen Leib wiederhergestellt und ihn den Menschen als Tempel zurückgegeben. Wie kann der Mensch daran Anteil gewinnen? Was entsteht an Wechselwirkungen zwischen dem lebendigen Auferstandenen und dem Glauben des einzelnen Christen bzw. der christlichen Gemeinde?

Die Sonne als Bild des Auferstehungsreiches

Von einigen Kirchenvätern wird Christus mit der Sonne in Verbindung gebracht. Das Auferstehungsreich ist für sie ein geistiges Sonnenreich. Der Sonnenlauf gilt als Bild für Tod und Auferstehung. *Die Sonne geht jeden Tag auf und an demselben Tag, da sie aufgeht, geht sie unter. Doch erschrickt sie nicht über das Los ihres bevorstehenden Endes, sodass sie etwa ihren Lauf verzögerte, die Stunden und Augenblicke hinauszöge, um dadurch wenigstens ein weniges von ihrem Tag länger am Leben zu bleiben: Nein, allezeit getreu, allezeit unverzagt, strebt sie dem Grabe der ihr verschwisterten Nacht zu, im Bewusstsein, dass sie das Leben in sich birgt.* So wie die Sonne gegen Abend ihrem Untergang entgegengeht, um am nächsten Morgen wieder zu erscheinen, so ging Christus in der Gewissheit der Auferstehung in den Tod.

Der in Rom verehrte *Sol invictus,* der unbesiegbare Sonnengott, wurde in der Natur als siegreich erlebt gegenüber den Kräften der Finsternis, sichtbar nach der Wintersonnenwende in der wieder aufsteigenden Sonne. Christus ist der wahre *Sol invictus*. *Weil aber die Zeit der Geburt des Herrn herannaht und das himmlische Wunder, die gebärende Jungfrau bereits seine Strahlen ausgießt, ja die Geburt des göttlichen Königs uns nicht ein Stern, sondern die aufgehende Sonne selbst verkündet, so lasst uns alle zur Anbetung ihm entgegen eilen ...* Das Motiv des unbesiegbaren Sonnengottes erfüllt sich im Ostersieg des Christus.

Die Sonne selber wird zum Bild des Göttlichen. Zwar sehen wir dank des Sonnenlichtes die sichtbare Welt, aber wir können die Sonne nicht direkt anschauen. So ist auch Gott zwar in seinen Wirkungen erkennbar, er selbst aber kann nicht geschaut werden. *Gerade deshalb gilt er uns als Gott, weil wir ihn wahrnehmen, aber nicht schauen können*. Wenn wir schon den Anblick der äußeren Sonne nicht ertragen können, wie sollen wir dann *den Schöpfer der Sonne, den Urquell des Lichtes* mit unseren Augen schauen?

Aber der Erkenntnisprozess geht weiter: *Betrachte nur noch einmal die Sonne; sie steht am Himmel, und doch ist ihr Licht über alle Länder ausgegossen; allerorts ist sie gleichmäßig gegenwärtig, sie dringt in alles ein ...* In der Analogie zu Gott bedeutet das: *Überall ist er uns nahe ...* Und in einem weiteren Schritt der Verinnerlichung heißt es: *... ja, sogar in uns*. Rätselhaft ist es dann, wenn es weiter heißt: Gott ist *gegenwärtig in der Finsternis, gegenwärtig in unseren Gedanken ..., gleich-*

sam eine Finsternis anderer Art. Wir handeln nicht bloß unter seinen Augen, sondern wir leben, ich möchte fast sagen, mit ihm. Novalis hat später in seinen »Hymnen an die Nacht« beschrieben, wie die Finsternis der Nacht selber sich verändert hat. Das neue Licht scheint auch in die Finsternis des eigenen Innern, ja es scheint *aus* der Finsternis! Christus ist die *Sonne der Seele.* Der Auferstehungsglaube wird innere Erfahrung, die mehr erlebt, als die nur äußere Sonne: *... auch die Sonne wird uns nie den wahren Gott zeigen können; sondern dies kann nur der heilbringende Logos, der die Sonne der Seele ist ...* Oftmals leiten die frühen Väter das Sonnenmotiv her von dem Wort des Propheten Maleachi, der den kommenden Messias als *Sonne der Gerechtigkeit* prophezeit. So heißt es: Christus ist *die Sonne, von der gesagt ist: ›Es ist mir aufgegangen die Sonne der Gerechtigkeit, und Heil ist in ihren Flügeln‹ ... Jene Sonne der Gerechtigkeit ist ohne Wolken und ohne Nacht.*

In all diesen Äußerungen kann man die Freude und Dankbarkeit über die siegreiche Christussonne empfinden, die durch die Auferstehung dem Menschen und der Welt einen neuen Aufgang schenkt.

Christus als unsterblicher Bruder

Zugleich aber bleibt Christus den Menschen nahe als unsterblicher Bruder. Gegenüber den Gnostikern wird zunächst größter Wert auf die Feststellung gelegt, dass

Christus *wirklich* Mensch geworden ist, d. h. in einem wirklichen aus Fleisch und Blut bestehenden menschlichen Leib gelebt hat.

Die Tat Christi wird langfristig auch für die Christen die leibliche Auferstehung bewirken. Das Opfer Christi hat eine zeitnahe Wirkung auf die *Seele* des Menschen, der sich ihm im Glauben öffnet und zuwendet. Aus göttlicher Solidarität mit der Menschheit hat sich Christus den Menschen gleichgestellt. Denn Gleiches kann nur von Gleichem erlöst werden.

Das wiederum hat eine wichtige Konsequenz für die Gottesbeziehung. Die Liebe Gottes und seine Barmherzigkeit lassen die Aspekte von göttlicher Allmacht und göttlicher Allwissenheit zurücktreten. Aus Liebe geht Gott freiwillig in die Ohnmacht, stellt sich den Menschen gleich. Es beginnt die Epoche der *Gottesfreundschaft*. Die Menschenwerdung Gottes hat für Origenes den Christen den Impuls zu Selbstständigkeit und Freiheit gebracht. Im Prinzip kann nun *jeder* Mensch zur Gottesfreundschaft gelangen und die Erleuchtung durch Christus suchen: *Wie die Leuchtkraft des Mondes und der Sterne geschwächt wird, wenn die Sonne scheint, so brauchen diejenigen, die von Christus erleuchtet sind und die seine Strahlen in sich aufgenommen haben, nicht mehr die Apostel und Propheten als Gehilfen und auch nicht – man muss es wagen, die Wahrheit zu sagen – die Engel.* So hat die Kirche der Zukunft ihre Aufgabe darin, die Gottesbeziehung des Einzelnen zu fördern.

Werden wir wie Christus, da Christus uns gleich geworden ist! Werden wir seinetwillen Götter, da er unseretwegen Mensch geworden ist! Durch Christus wird der Mensch göttlich, d. h. opferbereit. Die Opfergesinnung des Menschen entsteht an der Wahrnehmung des göttlichen Opfers. Gott hat in der ersten Schöpfung dem Menschen die ganze Welt gegeben. In Christus erreichte Gottes Geben aber eine höhere, letzte Stufe: *Aber nach allem gab er sich selber.*

So sehr nämlich liebte Gott die Welt, dass er seinen eingeborenen Sohn dahingab für das Leben der Welt. Deshalb erscheint es Origenes gar nicht als etwas Großes, wenn umgekehrt der Mensch sich selbst Gott zum Opfer anbietet und sagt: *Ich lebe, nicht mehr ich, sondern Christus lebt in mir.* Wenn das Erleben der göttlichen Liebe, die sich zur Selbsthingabe steigert, im Menschen lebendig wird, entsteht in der Seele die Sehnsucht, *... mit Christus zu sein.* Wenn einer diesen Weg geht, *dann hat einer sich selbst, das heißt seine Seele, Gott zum Opfer dargeboten.*

Der christliche Glaube mündet in die Erfahrung *Christus in mir*: *Wenn der Glaube in unserem Innern ist, dann ist dort Christus und seufzt; wenn der Glaube in uns ist, ist Christus in uns. Denn was anderes sagt der Apostel: ›Christus wohnt durch den Glauben in euren Herzen‹ (Eph 3,17)? Also dein Glaube an Christus, das ist Christus in deinem Herzen.* Dieses Erlebnis *Christus in mir* ist aber kein Dauerzustand, der uns geschenkt wäre. Deshalb der Ruf: *Wecke den schla-*

fenden Christus! Das Abhandenkommen des Glaubens bewirkt den *Schlaf Christi in deinem Herzen … Wenn du aber Christus erweckst, d. h. den Glauben auffrischest, antwortet dir gleichsam erwachend Christus in deinem Herzen.*

Die Bildung höherer Wahrnehmungsorgane aus dem Glauben

Seit dem Tod und der Auferstehung Jesu Christi ist der Auferstandene im Prinzip immer und überall für den Menschen erreichbar. Der Glaube kann sich zu einem höheren Wahrnehmungsorgan entwickeln, zur *Herzensseherkraft*. Wie geschieht das? Klemens von Alexandrien ruft dem blinden Seher Teiresias zu, sich dem christlichen Glauben zu öffnen, um wieder sehend zu werden: *Eile, Teiresias, komme zum Glauben! Du wirst sehend werden. Christus, durch den die Augen der Blinden wieder sehen, leuchtet dir auf, heller als die Sonne*. Das Christentum wird die bisherigen Mysterien ablösen: *O wie wahrhaftig heilig sind die Mysterien, o wie lauter das Licht! … ich werde heilig dadurch, dass ich in die Mysterien des Glaubens eingeweiht werde.*

Warum aber ist Christus, *wenn er gesehen wurde, denen, die ihn sahen, nicht in derselben Weise erschienen*? Die Offenbarung Christi, etwa für Petrus, Jakobus und Johannes bei der Verklärung auf dem Berge ist nicht nur göttliche Gnade, sondern *auch* eine Frage der Fähigkeit der Menschen. Christus habe diese Jünger ausgewählt, *da nur sie allein im Stande waren, seine Herrlichkeit bei dieser Gelegenheit zu schauen.*

Nicht einmal seine Apostel und Jünger hatten eine dauernde Wahrnehmung des Auferstandenen, *da sie nicht im Stande waren, seinen Anblick fortdauernd zu erfassen. Denn in höherem Glanze leuchtete seine Wirklichkeit, nachdem er sein Werk vollbracht hatte.* Der Auferstandene konnte nur denen erscheinen, *deren Auge … die Fähigkeit gewonnen hatte, seine Auferstehung zu schauen.*

Mit welchen Organen können die Menschen Gott bzw. Christus wahrnehmen?

Der Mensch hat drei Organe höherer Wahrnehmung: Augen, Ohren, Hände. Diese höheren Wahrnehmungsorgane haben mit den äußeren Leibesgliedern *nur den Namen gemein*, denn die *göttliche Wahrnehmung* ist etwas ganz anderes als die körperliche, wie schon die Psalmen zeigen. Sie singen die Gegenwart Gottes und sprechen von der Bitte um höhere Wahrnehmungsmöglichkeiten: *Öffne meine Augen, dass ich deine Wunder aus deinem Gesetz erkennen kann*, oder: *Das Gebot des Herrn ist hell und erleuchtet meine Augen*, und schließlich: *Erleuchte meine Augen, dass ich nicht etwa entschlafe zum Tode*. Was sind *Augen, Ohren und Hände*, wenn es nicht die des Leibes sind? *Was Gott erkennt, ist nicht das Auge des Leibes, sondern der Geist (Nus), der den Sinn des Wortes ›nach dem Bilde des Schöpfers‹ versteht …* Dieser Geist aber ist der Geist im Herzen, von dem Christus in der *Bergpredigt* spricht: *Selig, die rein im Herzen sind, denn sie werden Gott schauen*. Der Glaube wird zur *Seherkraft* des Herzens.

Im Bezug auf das geistige Hören erinnert Origenes an das Christus-Wort: *Wer Ohren hat zu hören, der höre*, womit nicht die äußeren Ohren gemeint sein können, sondern *Ohren … von göttlicherer Art*. Hier wird der Glaube zu einem *inneren Hören*.

Im Hinblick auf die Hände bzw. das geistige Ertasten wird auf den Apostel Thomas verwiesen, der nicht glauben konnte, dass Christus *mit einem Leibe, der dem früheren glich, auferweckt sei*. Was tastet Thomas bzw. was wird er aufgefordert zu tasten? Origenes nähert sich dem *Unfasslichen* der leiblichen Auferstehung von zwei Polen her: Dem (äußeren) Leib und der (leiblosen) Seele: *Und tatsächlich hielt Jesus bei seiner Auferstehung sozusagen die Mitte ein zwischen dem festen Leibe, den er vor seinem Tode hatte, und jenem Zustande, in dem die Seele frei von einem solchen Leibe erscheint*. So wird vorstellbar, dass Thomas aufgefordert wird, ihn an den Wundmalen zu berühren, dieser *Leib* aber zugleich so *subtil* ist, dass Christus bei verschlossenen Türen zu ihnen kommen kann. Der christliche Glaube entfaltet sich zur Ausbildung geistiger Augen, geistiger Ohren und geistiger Hände. Wie bilden sich diese Organe?

Auf der einen Seite sind solche Vermögen göttliche Geschenke und werden dem zuteil, der *von der göttlichen Vorsehung die Fähigkeit, Gott zu erkennen, erhalten hat*. Auf der anderen Seite bedarf es aber der

Bemühung des Einzelnen: Um ein reines Herz zu bekommen, müssen wir unser Herz von bösen Impulsen reinigen. Beides muss zusammenkommen, denn unser Wille und unsere Anstrengung allein reichen wiederum nicht aus, um zu einem reinen Herzen zu kommen. Vielmehr bedarf jeder, der sich auf diesen Weg der Reinigung des Herzens begibt, *der Hilfe Gottes, der es so gestalten kann*. Deshalb reinigt der verständige Christ sein Herz, indem er bittet: *Ein reines Herz schaff' in mir, Gott!*

Begegnung mit dem Auferstandenen in der Eucharistie

Zu den herausgehobenen Momenten, in denen die Gegenwart Christi in besonderer Weise erlebt wurde, gehört die Eucharistie. Viele haben Christus damals in erfüllten Augenblicken geschaut, andere ihn mit liebendem Herzen als gegenwärtig erfühlt. Die Eucharistie, der Kultus, ist das Zusammenkommen der Gemeinde, zugleich der Ort der Wandlung. Der Gläubige bekommt nicht nur Anteil an der Wandlung von Brot und Wein zu Leib und Blut Christi, sondern er kann dem mit den Menschen Wandelnden selber wahrnehmend begegnen, indem sein Glaube in höhere Wahrnehmungsmöglichkeiten hineinwächst.

Durch die Teilnahme am eucharistischen Mahl erlebt er in seinem eigenen Leib *Erhebung und Beistand*. Indem *der gemischte Kelch und das vorbereitete Brot das Wort Gottes aufnimmt und die Eucharistie zum Leib Christi wird, woraus die Substanz unseres Fleisches Erhebung und Beistand erhält*, wird der Leib des Menschen bereitet zum Leben mit Christus. Die Eucharistie bereitet unsere Leiber auf eine künftige Auferstehung vor, indem sie das Sterbliche mit Unsterblichem umgibt: Unsere geretteten Leiber werden *auferstehen … zu ihrer Zeit, indem das Wort Gottes ihnen verleiht, wiederzuerstehen zur Herrlichkeit Gottes des Vaters*.

Christus erfüllt jede Eucharistie mit der *Kraft der Segnung*, weil er die Menschen retten und ihnen *sich selbst gleichsam einsäen* will. Welch ein Bild! Der einheitliche Logos wird zum *Logos spermatikos*, der sich vervielfältigt, um den Menschen in seiner Unsterblichkeit zu bewahren.

Christus offenbart sich in der Eucharistie als Menschenheiler, als geistiger Arzt. Brot und Wein werden zur *Arznei zur Unsterblichkeit (pharmakon athanasias), … Medizin, die den Tod verhindert …* Die Begegnung mit dem Heiland eröffnet die Perspektive, *fort und fort in Jesus Christus zu leben*.

3. Die Auferstehung als eschatologische Hoffnung

Der Anteil des Menschen an seiner künftigen Auferstehung. Die Auferstehung des Leibes. Der Jüngste Tag – Ernst und Jubel. Klemens von Alexandrien und Origenes: Auferstehung als Aufstiegs- und Reifungsprozess.

Im Auferstehungsglauben lebt das Kraftpotential christlicher Hoffnung auf die zukünftige Auferstehung aller Menschen in der Zukunft. Was Christus getan hat, hat er für alle Menschen getan.

Der Anteil des Menschen an seiner künftigen Auferstehung

Am jüngsten Tag wird sich die Auferstehung der Menschen vollenden. Christus führt zur Auferstehung alle, die sich im Glauben mit ihm verbinden. Ob die Auferstehung des Menschen dann identisch ist mit seiner Erlösung, oder ob sich dann erst das Gericht anschließt, wird verschieden beurteilt. Wie ist nun der einzelne Christ an diesem Geschehen beteiligt? Kann er aktiv daran mitwirken? Hat er darauf überhaupt irgendeinen Einfluss? Oder ist dies einzig Götterangelegenheit, bei der dem Menschen nur die Rolle des »Gnadenempfängers« zukommt?

Im Tode verfiel der Leib Christi nicht der Verwesung,

sondern blieb dank dem einwohnenden Logos Gottes vor ihr bewahrt. Der Tod, der über alle Menschen verhängt war, wurde in seiner Macht gebrochen: ... *Tod und Verwesung wurden wegen des einwohnenden Logos aufgehoben.* Die Gnade der Auferstehung hat die Verwesung *beseitigt und aufgehoben.* Für die, *die wir in Christus gläubig sind,* hat sich das Sterben verwandelt, so wie das Samenkorn zwar stirbt, aber nur um *zu einer besseren Auferstehung zu gelangen.* Wie die in die Erde versenkten Samenkörner, so werden die Menschen im Sterben nicht in Gänze zugrunde gehen, sondern *Saatkörnern gleich werden wir auferstehen, da der Tod in Kraft der Gnade des Heilands überwunden ist.*

Im Bild des Saatkornes wird schon auf die innere Kraft der Auferstehung hingedeutet. Denn Gott hat den Menschen nicht dazu gebildet, dass er vernichtet werde, sondern dass er durch die wachsende Macht des Christus in uns *zur Unverweslichkeit fortschreite.*

Das himmlische Haus des Leibes wird denen, die *in Wahrheit und Kraft Christen sind,* zuteil werden. Im gleichen Maße, wie jetzt der Mensch durch *Glaubenseifer* und sein Verhalten Anteil am Geiste gewinnt, in demselben Maße wird auch *sein Leib verherrlicht werden.* Nach Makarios (~ 300 – ~ 390) wird sich zukünftig eine Art Umstülpung vollziehen: Das Leben der Seele wird den zukünftigen Leib prägen; was innen ist, wird einmal außen erscheinen: *Die Schätze, die die Seele jetzt in ihrem Innern sammelt, werden dann äußerlich am Leibe offenbar und sichtbar werden.* Das Licht der Seele verwandelt sich dem Menschen durch die Kraft des Heiligen Geistes in der Auferstehung in *Gewand, Speise, Trank, Wonne, Freude, Friede, Zierde und ewiges Leben*. Das ist ein Ansporn für die Menschen.

In immer neuen Variationen wird dieser Gedanke der Umwandlung beschrieben: *Darum muss jeder von uns kämpfen, sich abmühen und aller Tugenden befleißigen, glauben und zum Herrn gehen*, damit der innere Mensch Anteil gewinnt an der Herrlichkeit Christi. Denn durch solches Verhalten bildet der Mensch mit an seinen *Flügeln* und an seinem *ewigen Gewand*. Die Flügel des inneren Menschen ermöglichen ihm, *sich im Geist zu himmlischer Gesinnung emporzuschwingen*. Durch die Tugenden, durch ihr Verhalten können die Menschen selber mitweben an dem Kleid der Herrlichkeit, das einst ihre Leiber in der Gnade der Auferstehung umhüllen wird.

Gerade das, was wir jetzt in unserer Seele besitzen, leuchtet nun und offenbart sich und bekleidet unsere Leiber mit Herrlichkeit. Denn ... *was ihr getan habt an dem geringsten meiner Brüder, das habt ihr an mir getan. So zeigt an jenem Tage jeder an seinem Leibe seine Taten*.

Die Auferstehung des Leibes

Für die Frage der künftigen Auferstehung des Leibes ist grundlegend die Unterscheidung zwischen der Verweslichkeit als einer Qualität, die dem menschlichen Leib erst als Folge des Sündenfalls eignet, und der Unverweslichkeit, die dem *ersten Adam* eignete. Die Unverweslichkeit rührt her vom *Anteil am Logos, von der Gnade der Gottebenbildlichkeit*, von dem *göttlichen Kunstwerk des Leibes*, von dem *Adel der Erscheinung*, der *begrifflichen Schönheit* und der *unsterblichen Grundidee* dieses Leibes. In dem menschlichen Leib, wie wir ihn kennen, sind das Verwesliche und das Unverwesliche vermischt.

In dem gefallenen, vom Sündenfall geprägten Menschen glänzt aber noch das Urbild auf: *Der Leib selbst ist im Grunde nicht verweslich, sondern unverweslich; denn er ist von so edler Art, dass seine eigentliche Würde sogar in der Verweslichkeit zutage tritt …*

Wir haben gesehen, wie für den Auferstehungsglauben der frühen Väter Christus diesen unsterblichen Leib der Menschen gerettet hat. Alle Menschen können an diesem Leib partizipieren, indem sich die Seelen immer mehr mit dem Göttlichen durchdringen und ihm dienen. Einmal werden sie erblühen zum neuen Gewand der Herrlichkeit, das der Mensch einst im Sündenfall verloren hat.

Der Geist Gottes, den die Christen durch das Pfingstereignis empfangen haben, kann in Zukunft so stark werden, dass er den Leib durchdringt und verwandelt, sodass *das Fleisch vom Geist in Besitz genommen* wird, *sodass es seiner selbst vergisst und die Eigenschaft des Geistes annimmt, da es dem Worte Gottes gleichförmig geworden ist*. Die Stärke des Geistes zeigt sich daran, dass die gesamte Leiblichkeit dem Logos immer *gleich-*

förmiger wird, dass der Mensch an seinem Leibe das Bild des zweiten Adam tragen kann, *der vom Himmel ist.* In diesem Sinne wird sich im Tode eine Scheidung vollziehen an dem Menschen und seinen Gliedern. Insofern sie sterblich, verweslich sind, werden sie sich *in Erde auflösen.* Insofern sie aber dem Logos gleichförmig geworden sind, werden sie *vom Geist ergriffen und in das Himmelreich hinübergetragen.*

Von gleichbleibender, stabiler Identität kann ja schon im *Erdenleib* des Menschen keine Rede sein. Tatsache ist vielmehr, dass alles im Fluss ist, *dass die Natur des Menschen einem Strome gleicht, weil sie sich von der Geburt bis zum Tode in steter Bewegung befindet …* Denn ein *göttliches Ding war die Menschennatur* als Typus, als Urbild, aber durch den Sündenfall und seine Folgen wurde dieses Urbild *verunstaltet,* die Urgestalt wurde überdeckt, verzerrt. Sterben heißt dann, den zerrissenen Rock der Verweslichkeit, der den Leib verunstaltet, abzulegen. *Denn wie jemand, sobald er einen zerrissenen Rock ausgezogen hat, die durch letzteren verursachte Verunstaltung nicht mehr an sich erblickt, so wird, wenn wir dieses hässliche Totengewand ausgezogen haben, jedes Stück dieses Gewandes mit dem Ablegen des Ganzen zugleich abgelegt.*

Nach Tertullian geht auch die innere Führungskraft des Menschen durch eine Umwandlung hindurch. Er zitiert Paulus: *Denn ihr seid gestorben … und euer Leben ist mit Christo in Gott verborgen.* Wenn also Christus offenbar wird, wird das dem Gläubigen eine tiefere Identität seines Wesens schenken, die ihm von Gott zugedacht ist. Durch die innere Umwandlung im Zusammenhang mit der künftigen Auferstehung wird sich unsere wahre Identität erst zeigen. Sie ist jetzt nur eine relative, vorläufige. Erst in Christus wird jeder endgültig sich selbst finden. *Auferstehung im Leibe ermöglicht die wahre Identität des Menschen*.

Der Jüngste Tag – Ernst und Jubel

Wie wird der *Jüngste Tag* in der frühen Kirche konkret vorgestellt? So wenig die *Schöpfungstage* äußere Tage sind, so wenig ist auch der *Jüngste Tag* ein äußeres Datum. Es ist das Hereinbrechen einer neuen, göttlichen Welt in die gottverlassene Erdenwelt. Die Welt der Auferstehung steht unter dem Bild der Sonne, und zwar der *Sonne der Gerechtigkeit*. In diesem Bild verbindet sich dreierlei: Das Innere der Menschen wird nach außen gewendet, es wird für die Gottheit im Lichte der Gerechtigkeit offenbar; zweitens ist der Blick der Gottheit ein gerechter Blick, d. h. einer, der alle Taten wahrheitsgemäß, aber doch im Licht der sonnenhaften Gnade und Vergebung beurteilt. *Zur Zeit der Auferstehung tritt die Herrlichkeit des Heiligen Geistes durch die Kraft der Sonne der Gerechtigkeit aus dem Innern der Seele hervor und umhüllt und bedeckt die Leiber der Heiligen,* wobei *Heilige* im Sinne des Urchristentums alle Glieder der christlichen Gemeinde umfasst.

Es wird ein Weltenfrühling sein: Altes geht zu Ende, eine neue Welt beginnt. Wir sollen uns durch das Beispiel des *einen* Auferstehenden anfeuern lassen zu dem Glauben an die Auferstehung *aller*. Dieser Auferstehungsglaube bedeutet, *dass wir für wahr halten, dass das Kreuz für unseren Leib der Pflug, der Glaube das Samenkorn, das Grab, die Furche, die Verwesung, der Keim* … ist. Die Christen sollen ihren Glauben stärken, *damit, wenn der Frühling der Ankunft des Herrn uns entgegenlacht, dann das grünende Saatfeld unserer Leiber sich erhebe zur Ernte des Lebens* …

Entscheidend für das Gesamtempfinden gegenüber dem Weltende ist der Anfang einer neuen Welt und das Leben nach *Sichel- und Flegelschlag* der Ernte. Letzteres müssen die Menschen durchmachen, um dann aber *kein Ende und kein Altern mehr zu kennen, um keinen Sichel- und Flegelschlag mehr zu erleiden! Denn wenn einmal die alte Spreu dem Tode verfallen ist, erhebt sich herrlich der neue Leib zur neuen Frucht.*

Auch die *letzte Posaune* wird im Sinne des guten, barmherzigen Gottes interpretiert. Zwar erklärt die Posaune des letzten Gerichtes den Krieg, aber nur der Unterwelt, indem sie des Grabes Felsenlast durchbricht, die Verstorbenen ins Leben ruft und denen ewigen Triumph verleiht, die zum Licht streben. Diese Posaune ist nichts anderes als die gewaltige Stimme des Gottessohnes! Denn d*ie Toten werden die Stimme des Gottessohnes hören*. Es handelt sich nicht um einen »Trauergesang«, sondern um den Ruf des Lebens durch die Stimme des

Sohnes. Das ist in Wahrheit die letzte Posaune, *die aus dem Herzen des Vaters, dem Munde des Sohnes der Unterwelt und der Überwelt zugleich den Ruf des Lebens entgegentönen lässt*.

Es ist die gleiche Kraft am Werke wie bei der Weltenschöpfung, als *diese Posaune der göttlichen Stimme das Chaos teilte*, die Elemente erschuf und der Welt ihre erste Ordnung gab. Die gesamte Heilsgeschichte spannt sich aus zwischen dem schöpferischen Weltenlogos als der *ersten Posaune* und der Vollendung der neuen, der zweiten Schöpfung, wenn die *letzte Posaune* ertönt, um *die Welt aus dem Verderben zurückzurufen*.

Der *Jüngste Tag* ist ein Tag der Freude, des Jubels. Was den leiblichen Augen verborgen bleiben muss, enthüllt sich *der gläubigen Seele*: Die Schönheiten der Gottheit und ihre Herrlichkeit. Denn es wird sein ein neuer Himmel, eine neue Erde. Für die, die den Herrn fürchten, wird die Sonne der Gerechtigkeit Heilung bringen, denn *Heilung ist auf ihren Fittichen*.

Im Reich der Auferstehung werden sich auch die Beziehungen der Menschen untereinander verwandeln, weil sie *Gotteskinder* werden. Achtsamkeit wird leben zwischen den Menschen, das göttliche Licht wird auch in die Beziehungen der Menschen hineinleuchten: *Einer wird auf den anderen achten, und indes sie aufeinander merken, werden sie aufs Neue leuchten in der Wahrheit, im wahrhaftigen Schauen des unaussprechlichen Lichtes*. Gott erscheint dabei nicht nur als das große Gegenüber, sondern er wird wahrnehmbar im wahren

Bild des anderen Menschen. *So schauen sie einander in vielerlei Gestalten, in großer, mannigfaltiger, göttlicher Herrlichkeit, und jeder staunt und frohlockt in unaussprechlichem Jubel, wenn er die Herrlichkeit des anderen gewahrt*.

Bei allem Ernst herrscht für die frühen Christen ein positives Bild des *Jüngsten Tages* vor. Die Stunde der Wahrheit wird überleuchtet von der Sonne der Gerechtigkeit, die den *Tau des Heiles* aufglänzen lässt. Den auferstehenden Menschen strahlt die Ankunft des Herrn entgegen, und die letzte Posaune ruft die Welt aus dem Verderben in die Auferstehung. Jubel und Freude breiten sich aus unter den Menschen, die einander so sehen lernen, wie sie in der göttlichen Herrlichkeit gemeint sind.

Die Menschen werden im Reich der Auferstehung eine neue Daseinsstufe erreichen: *Sie werden sein wie die Engel*. Das bedeutet aber nicht, dass sie ohne Leib sind, sondern dass sie ein *anderes Verhältnis* zur Leiblichkeit erreicht haben und nicht mehr vom physischen Körper dominiert werden. Wie ein *Milchbruder* wird der Leib mit der Seele verbunden bleiben. Es werden *die Menschen, wenn sie wie Engel geworden sind, in derselben Substanz des Fleisches eine geistige Disposition eingehen können, indem sie unter dem engelartigen Gewande von den Gepflogenheiten des Leibes nicht mehr abhängig sind …* Der Ausdruck »wie die Engel« weist gerade darauf hin, dass die Menschen in ihrer Auferstehung *in ihrem Menschsein belassen* werden. Die Frucht seiner gesamten Entwicklung besteht für den Menschen in einem Zuwachs an Erkenntnis. Der Mensch ist dann *wirklich kundig des Bösen*, dem er entgangen ist, und *des Guten, in das er eingegangen ist.*

Der heilige Geist wird die Menschen, wenn sie ihn in sich wirken lassen, in wahrer Erkenntnis vereinen.

> *Wollte man aus seinen [des Paraklets; GD] Quellen schöpfen, so würde man nach keiner Lehre mehr dürsten und keine Streitfrage uns noch zu erhitzen imstande sein, sondern wir würden, beständig des Leibes Auferstehung trinkend, Erquickung finden.*

Kann eine solche empathisch erlebte Zukunft auch mit dem menschlichen Denken erfasst werden?

Klemens von Alexandrien und Origenes: Auferstehung als Aufstiegs- und Reifungsprozess

Die Schwierigkeit, die leibhaftige Auferstehung zu *denken*, können wir bis in die Paulusbriefe zurückverfolgen. Auf der einen Seite gilt: Die Auferstehung ist mehr als die Fortexistenz der Seele. Jesus Christus ist als Ganzer in einer neuen Leiblichkeit auferstanden, als wahrer Gott, als wahrer Mensch. Andererseits gilt, was Paulus schon damals warnend betonte, damit die Auferstehungsleiblichkeit nicht materialistisch missdeutet würde: *Fleisch und Blut können das Reich Gottes nicht erben; das Vergängliche erbt nicht das Unvergängliche.* Die gesamte Geschichte der christlichen Kirche steht vor dieser Erkenntnisaufgabe und versucht sie zu lösen. Die einen bemühen sich dabei, sich in aufsteigender, inspirierter Erkenntnis zu dem Mysterium der Auferstehungsleiblichkeit zu erheben, andere verfälschen das große Neue mit unangemessenen Gedankenformen und belasten damit das Christentum bis heute.

Wenden wir uns zunächst der ersten Gruppe zu, die sich dem Neuen auch durch neue, revolutionäre Gedanken anzunähern versucht. Christus hatte im Gleichnis »Vom armen Lazarus und reichen Prasser« ein Bild des nachtodlichen Lebens der Seele entworfen. Dieses Gleichnis spielte für die Theologen der ersten Jahrhunderte eine große Rolle, denn es zeigte ihnen, dass die Seelen nach dem Tod sehen und hören, körperlich leiden und froh sein können, dass sie sich gegenseitig erkennen und miteinander kommunizieren können. Diese Konzeption einer *leiblichen Seele*, wie sie besonders Tertullian ausgebildet hatte, wird von den großen alexandrinischen Theologen *Klemens von Alexandrien* (~ 150–215) und *Origenes* (185/186–~ 253/254) aufgegriffen und zu einem erstaunlichen, neuen Konzept von Auferstehungsleiblichkeit umgebildet.

Klemens geht vom Menschenbild der Stoa aus, um den nachtodlichen Weg des Menschen zu erfassen. Die Stoa hatte in der einheitlichen Seele einen niederen Seelenteil von einem höheren unterschieden. Der niedere Seelenteil (*pneuma sarkikon*: fleischlicher Geist) umfasst fleischliche Begierden und Leidenschaften, die den Menschen sich selbst zu entfremden drohen. Der höhere Seelenteil (*pneuma hegemonikon*: führender Geist) soll die Führung des ganzen Menschen übernehmen und den niederen Seelenteil reinigen und integrieren. Der Christ soll sich als ganzer Mensch mehr und mehr vom Heiligen Geist (*pneuma hagion*) bestimmen und durchdringen lassen. Diesen aufsteigenden Verwandlungsprozess nennt Klemens Auferstehung. Dieser Prozess beginnt, indem der Mensch Christus *anzieht* in der Taufe, als Christ sich um glaubendes Verstehen und um christliche Lebensweise bemüht. Nach dem Tod setzt sich dieser Vorgang in einem Reinigungsprozess fort. Dadurch wird die Seele nach Klemens aber nicht leibfrei, vielmehr erbildet sie sich eine neue und höhere Form von Leiblichkeit! Die Seele wird zum Leib (*soma*) der göttlichen Macht (*dynamis*), d. h. zum Geistleib (*soma pneumatikon*). Der Prozess der Auferstehung verwandelt den Menschen in ein Sein von immer größerer Vollkommenheit, in der die Unterscheidung von Seele und verklärtem Leib in einem Höheren aufgehoben erscheint.

Der Auferstehungsprozess führt den Menschen zu seinem höheren Selbst. Das höhere Selbst aber ist sozial, bildet Gemeinschaft. Die Gemeinschaft derer, in denen das Prinzip *Nicht ich, sondern Christus in mir* lebt, bildet den Leib des Christus, die Ekklesia. Darin vollendet sich für Klemens die Auferstehung des einzelnen Menschen. *Dasselbe aber ist der Geistleib wie die heilige Ekklesia.*

Origenes, Schüler des Klemens, entwickelt ganz eigenständige, neue Gedanken, um sich der Auferstehung gedanklich anzunähern. Er kämpft an zwei Fronten: Einmal gegen jene, die den irdischen Leib von der Auferstehung ausschließen wollen, und andererseits gegen die primitive Deutung von Auferstehung als *Reanimation des Kadavers*. Gegenüber beiden Positionen sucht er eine höhere Synthese in der verklärten Leiblichkeit.

Die Seele ist ihrer inneren Natur nach zwar leiblos, aber sie kann nicht nackt existieren. Auch nach dem Tod braucht sie ein »Vehikel«, ein Gewand. Welcher Art ist diese Leiblichkeit? Origenes unterzieht nun die Leiblichkeit des irdischen Menschen einer genaueren Betrachtung. Er unterscheidet zwischen der Materie, die nicht zwei Tage die gleiche bleibt, weil der Leib in einem unaufhörlichen Fluss ist, und der charakteristischen Form. Diese Form (*typos*) teilt sich der Materie, dem Substrat des Leibes, mit, ohne damit zu verschmelzen. Diese Form ist zugleich Bild (*eidos*) des Leibes, die dem Leib Identität und Individuation gibt. Das Bild ist offen für vielfältige Weisen verwirklichter Leiblichkeit. Diese Form ist es, *die die Seele bei der Auferstehung aufs Neue umhüllen wird.*

An anderer Stelle nennt Origenes diesen Typos, dieses Urbild auch samenhaften Logos (*logos spermatikos*), der als inneres Prinzip im Sterben nicht dem Tode verfällt wie der Kadaver (von lat. *cadere*: fallen!), sondern in der Seele bleibt. Dieser individualisierte Logos aber ist es, der dann dem Auferstehungsleib seine neue Gestalt verleiht. Die endgültige Auferstehung des Menschen in Herrlichkeit sieht Origenes als Frucht eines Reifungsprozesses. Dieser beginnt mit der inneren Auferstehung des Christen im Glauben und in der Ausrichtung auf den Geist. So gewinnt er für das nachtodliche Leben eine Leiblichkeit feinerer und reinerer Qualität. Wie Klemens sieht Origenes die Seele in einem weiteren, aufwärts führenden Reifungsprozess bis zur äußersten Vollendung in der Herrlichkeit Christi. Das *Geheimnis der Auferstehung des ganzen Leibes Christi* realisiert sich erst in der Einheit der Christen, die als Ekklesia den Leib Christi bilden und unmittelbar Anteil haben am göttlichen Leben selber.

Klemens und Origenes haben mit ihren Anschauungen versucht, das absolut Neue der Auferstehung Christi mit neuen Gedankenbildungen zu erfassen, eine lebendige, fruchtbare Mitte auszubilden zwischen dem Konzept einer leiblosen Spiritualität (Gnosis) und einem allzu irdischen Verständnis von Auferstehung. Origenes' Anschauungen lösten heftigen Streit in der Kirche aus, wurden als gnostisch verdächtigt und teilweise als ketzerisch verurteilt. Es siegte die Auffassung, die Hieronymus physizistisch und unbiblisch formuliert hat: *Fleisch im eigentlichen Sinn ist das, was durch Blut, Sehnen und Knochen zusammengehalten wird ... Die Wahrheit der Auferstehung kann ohne Fleisch und Knochen, ohne Blut und Glieder nicht gedacht werden.* Diese primitive Auffassung, die Klemens und Origenes hatten vermeiden wollen, wurde zum Kriterium der kirchlich-rechtgläubigen Auferstehungslehre erhoben. Was man nicht verstand, wurde verketzert. Diese tragische Festlegung für eine Theologie der Auferstehung wurde von Augustinus übernommen und durch ihn Grundlage der mittelalterlichen westlichen Theologie.

4. Scholastik und Jakob Böhme

Thomas von Aquin: Primat des Geistes. Licht, Bewegung und Unversehrtheit als Eigenschaften des Auferstandenen. Jakob Böhme und seine Schüler. Schau des Urmenschen. Der Sündenfall Adams. Christus, der zweite Adam. Christus als Stammvater einer neuen Menschheit. Zusammenfassung.

Thomas von Aquin: Primat des Geistes

Die kirchliche Position im Hinblick auf das Verständnis der leiblichen Auferstehung war auf lange festgeschrieben. Aus Angst vor gnostischer Spiritualität hatte man »das Kind mit dem Bade ausgeschüttet«, anstatt auf dem Wege großer christlicher Denker wie Klemens und Origenes weiterzuforschen. Die Frage nach der Kontinuität vom irdischen Leib zum Auferstehungsleib Jesu Christi beschäftigte die Theologen weiterhin. Aber im Grunde waren alle Versuche, eine materielle, stoffliche Kontinuität zu konstruieren, zum Scheitern verurteilt. Das kirchliche Dogma widersprach der Wirklichkeit.

Erst Thomas von Aquin gelingt es, an Klemens und Origenes indirekt wieder anzuknüpfen. Er denkt die Kontinuität von irdischem und Auferstehungsleib des Christus wieder vom Geistigen her. Für Thomas ist die Seele des Menschen das Kraftzentrum seines Wesens. Die Kraft, die sie aus dem Geiste empfängt, befähigt sie, dem Leib menschliche Form aufzuprägen, ihm ein menschliches Antlitz zu geben. Somit ist die Seele nicht abhängig vom Leib, sondern als formgebende Kraft durchdringt sie ihn. Die Formkraft, die den irdischen Leib zur Menschengestalt geprägt hat, steht dem Auferstandenen auch nach dem Tod zur Verfügung. Thomas sieht die Kontinuität vom irdischen zum Auferstehungsleib darin, dass *die Seele Form des Leibes* ist. Sie ist nicht nur Reflex des Leibes, sondern wesenhaft und kann anderem Substanz und Wesenhaftigkeit verleihen. Der Bann ist gebrochen. Der Primat des Geistes für eine Theologie der Auferstehung ist auf eindrucksvolle Weise von Thomas neu erlebt und gedanklich formuliert worden.

Licht, Bewegung und Unversehrtheit als Eigenschaften des Auferstandenen

Die Kraft, das Physische aus dem Geiste zu meistern, liegt in den inneren Qualitäten des Auferstandenen. Die Scholastiker verbinden in ihrer Theologie der Auferstehung paulinische Gedanken mit den Evangelienberichten über die Begegnungen der Menschen mit dem Auferstandenen. Paulus hatte ganz allgemein von drei Qualitäten der Auferstehungsleiblichkeit gesprochen. Dieser eignen geistiges Licht (*doxa*), innere Beweglichkeit (*dynamis*) und Unversehrtheit (*aphtharsia*).

Zeigen sich diese Qualitäten auch in den Evangelienerzählungen? Das geistige Licht ist ein Urelement der Ostererfahrungen. In Christi *geistesleuchtender Sonnenkraft* vollendet sich die Verklärung auf dem Berge. Die Macht der Finsternis ist gebrochen. Im Osterlicht lebt die Kraft geistiger Neugeburt. Das Osterlicht erscheint als die sonnenhafte Klarheit in der Ausstrahlung des Auferstandenen. Denken wir z. B. an Maria Magdalena: Zunächst ist ihre Seele in Schmerz versunken, sie *weint*. Dann *sieht* sie die Engel, *hört* sie, *spricht* mit ihnen. Sie wendet sich dem Unbekannten zu, sieht ihn, hört ihn und spricht mit ihm, den sie für den Gärtner hält. Erst als sie ihren Namen hört und sich erneut umwendet, d. h. die Wirklichkeit noch einmal ganz neu und anders wahrzunehmen bereit ist, offenbart sich ihr der Meister. Gereinigt durch die Tränen, geöffnet durch die Fragen der Engel und des Unbekannten schaut ihr inneres Auge das sonnenhafte Antlitz ihres Herrn und Meisters. Die *claritas* des Herrn wird in ihr zum Herzenslicht der Erkenntnis.

Nach und nach durchbricht das Licht des Auferstandenen die Bewusstseinswolken der Jünger; bei den Emmausjüngern war es der Moment, als er das Brot brach: … *da geschah es, dass ihre Augen aufgetan wurden, und sie erkannten ihn*; bei den Jüngern am Ostersonntagabend: *Freude erfüllte die Jünger, als sie den Herrn sahen*; oder eine Woche später bei Thomas, der seinen Zweifel überwindet und in den Erkenntnisruf ausbricht: *Mein Herr und mein Gott!* Damit beginnt das geistige Licht des Herrn, den Menschen sichtbar zu werden und verwandelnd auf sie überzugehen. Paulus, der selber den Auferstandenen als *heller als die Sonne* erfahren hatte, fasste es in den Worten zusammen:

Wir alle, aufgedeckten Angesichts
die Offenbarungsglorie des Herrn widerspiegelnd,
werden umgeformt in dasselbige Bild
von Klarheit zu Klarheit
als von dem Herrn des Geistes.

Das zweite Hauptmerkmal des Auferstandenen war für die mittelalterlichen Theologen seine Beweglichkeit, die unerschöpfliche Verschiedenheit, in der er den Menschen jeweils erscheint: Maria Magdalena erlebt ihn als *Gärtner*, als Pfleger des Lebendigen; die Emmausjünger als den mit ihnen *Wandelnden*, der ihnen die Schrift auslegt und sie zum Verständnis führt, schließlich als den *sakramental Handelnden*, der ihnen das Brot bricht; Thomas erkennt ihn als seinen Gott, den *Gott im Innern*, und zugleich an den Wundmalen als *kosmischen Gott* mit Vollmacht über die Materie. Zuletzt erleben Petrus und Johannes ihn nach Fischzug und Frühmahl als *Herrn des Schicksals*, der ihnen ihre künftigen Aufgaben zuteilt. Er spricht zu Petrus, auf Johannes deutend: *Wenn ich will, dass er bleibt, bis ich komme, so stört das deine Wege nicht*. Der Auferstandene in seiner Beweglichkeit offenbart sich in immer neuen Gestalten, indem er den jeweiligen Menschen und der Situation entgegenkommt.

Diesen Aspekt des Auferstandenen hat in neuerer Zeit der Künstler Joseph Beuys in eindrucksvoller Weise formuliert, der durch seine Kunsttätigkeit ein besonderes Auge dafür entwickelt hatte:

> *Der Christus kann mit einem inneren Auge wahrgenommen werden. Und in diesem inneren Auge zeigt sich, was aus der Auferstehung Christi geworden ist. Der ist ja nicht irgendwo verdampft oder hat sich irgendwie verflüchtigt. Die Frage ist doch: Wo ist er jetzt? Wer mit dem inneren Auge zu sehen versucht, der sieht, dass er längst wieder da ist. Nicht mehr in einer physischen Form, aber in der bewegten Form einer für das äußere Auge unsichtbaren Substanz. Das heißt, er durchweht jeden einzelnen Raum und jedes einzelne Zeitelement substanziell. Also ist er ganz nah da. Und die Schwelle zum Einbruch in den Menschen ist so gewaltig wie nie in der Geschichte. Nur: Es fehlt noch die offene Zuwendung, das zu erleben und sich dann als Mensch von Grund auf zu verändern.*
>
> *Die Form, wie diese Verkörperung Christi sich in unserer Zeit vollzieht, ist das Bewegungselement schlechthin. Der sich Bewegende …*

Wenn schließlich in der christlichen Theologie von der Feinheit (*subtilitas*) des Auferstandenen gesprochen wurde, so wurde das besonders deutlich am Abend des Ostertages. Die Türen waren verschlossen aus Furcht vor den Juden. In seiner Feinheit und Zartheit gibt es für das Erscheinen des Auferstandenen aber keine räumlichen Hindernisse. Offenbar kann er kommen, erscheinen, wo und wann er will: *Jesus kam und trat in ihre Mitte …*

Zusammenfassend können wir sagen: Die mittelalterliche Theologie, insbesondere die der Scholastik, erkennt die sonnenhafte Lichtqualität des Auferstandenen, die in der Seele des Menschen aufleuchten kann, wenn sie ihn erkennt; die unerschöpflich-lebendige Wandelbarkeit und Lebendigkeit des *Herrn des Lebens* und die feine Zartheit seiner Erscheinungsform, die an die Grenze der Sinneswahrnehmung heranreicht.

Diese inneren Seelenkräfte wirken zugleich als Formkräfte des gegliederten Menschenleibes, sodass der Auferstandene – nach Lukas – es zurückweist, bloß ein Geist zu sein, denn ein Geist habe nicht Fleisch und Bein:

> *Während sie davon redeten, trat er selbst in ihre Mitte. Erschrocken und von Furcht befangen meinten sie, einen Geist zu sehen. Er sprach zu ihnen: Warum seid ihr so verwirrt und warum steigen in eurem Herzen solche Zweifel auf? Seht meine Hände an und meine Füße: Ich bin es selbst. Berührt mich und seht mich an; ein Geist hat nicht Fleisch und Bein, wie ihr es an mir wahrnehmt.*

Die Seele und der bis in die geistige Formgestalt von Fleisch und Bein gegliederte Auferstehungsleib sind Erscheinungsformen seines einheitlichen Wesens: *Ich bin es selbst*. Das leibbildende *Ich bin* ist die Kontinuität vom irdisch inkarnierten Menschen zum leiblich auferstandenen Christus Jesus.

Jakob Böhme und seine Schüler

Auf ganz anderen Wegen als die Scholastiker suchen die Mystiker Erkenntnisse über die göttliche Schöpfung des Menschen und über die Auferstehung. *Jakob Böhme* (1575–1624) war einer der originellsten Denker der neueren Zeit. In freien Wortschöpfungen versucht er seinen imaginativen Schauungen, die bis in die Erschaffung der Welt zurückreichen, Ausdruck zu verleihen. Von der evangelisch-lutherischen Kirche heftig angegriffen, hielt er dem Christentum dennoch die Treue. Er bildete einen Schülerkreis von Geistverwandten, zu denen er die innere Verbindung mit »Theosophischen Sendbriefen« pflegte. In tiefer Bescheidenheit und zugleich großer Sicherheit war er sich seines inneren Auftrages bewusst, den Menschen den Weg zu Christus, dem *Herzen Gottes* zu weisen.

Auch wenn die sprachliche Form, in der Böhme geschrieben hat, nicht mehr unsere ist, auch wenn seine intuitiven Beschreibungen oft nur mit Mühe nachzuvollziehen sind, enthalten seine Schriften und Briefe kostbare Einsichten und eine tiefe Glaubensverbundenheit mit dem lebendigen Christus, die uns auch heute noch in ihrer spirituellen Herzenssprache berühren und begeistern können. Auch für die Erkenntnis der Auferstehung ergeben sich wertvolle Hinweise und fruchtbare Einblicke aus den Schriften Jakob Böhmes, aber auch aus denen seiner Geistverwandten und Schüler.

Schau des Urmenschen

Jakob Böhme sieht einerseits den Abgrund zwischen Gott und dem Menschen, den die lutherische Orthodoxie seiner Zeit scharf betont, aber er sieht auch die Nähe zwischen Mensch und Gott, wie sie urbildlich im Alten Testament verankert ist. Das Buch Genesis stellt dar, wie der Mensch letztlich *aus Gott* stammt, und wie er seinem ursprünglichen Wesen nach *Gottes Ebenbild* (*Imago Dei*) ist. Im Sinne dieses Menschenbildes ist der Mensch eine einzigartige Erscheinung in der Sinneswelt. Der Mensch weist nicht nur als Geschöpf Gottes über sich hinaus auf den Schöpfer, sondern er ist sogar *Bild Gottes*, er ist selber göttlich veranlagt. Diese ursprüngliche Göttlichkeit des Menschen ist für Böhme ein unerschöpfliches Thema. Was seine Substanz angeht, so ist der erste Mensch zwar äußerlich unsichtbar. Dem inneren Blick aber zeigt er sich in einem *schönen Lichtleib*, als *reinster Kristall, klar wie Glas*. Seine Blutadern werden wie die *glänzendsten Rubine* beschrieben, und alles

Wässrige in ihm wie die *schönsten Diamanten.* Adam umgibt eine *himmlische Leiblichkeit.* Von dieser Leiblichkeit strahlt Licht in die gesamte Schöpfung aus, wie von einer Sonne. Der *Lebensgeist aus Gott* fließt durch ihn in alle Kreaturen.

Der erste Mensch ist androgyn, er trägt weibliche und männliche Qualitäten in sich. Der *innere himmlische Leib* und der *äußere himmlische Leib* waren miteinander vermählt und in einen Leib gefasst. Adams Kleid ist die *Klarheit in der Kraft Gottes.* Er besaß ein kontinuierliches, dem Göttlichen nahe verwandtes Bewusstsein, in ihm war kein Schlaf. Böhme drückt das sehr anschaulich aus: Sein *Sehen war Tag und Nacht mit aufgesperrten Augen ohne Wimpern.* Die *göttliche himmlische Weisheit* ist seine erste *Braut.* Der Ur-Adam ist die Mitte der geschaffenen Welt, er ist *Tempelhütte Gottes*, als *Mikrokosmos* ein *Auszug aus allen Wesen*, der Schöpfung *Lichtweltsonne.*

Schließlich sei noch erwähnt, dass Böhme den Ur-Adam als freies Wesen erlebt und dass er in seine Gottverwandtschaft unerschütterliches Vertrauen hat: Als Bild Gottes ist Adam zugleich *sein eigener Gott,* dem die Gottebenbildlichkeit so *tief eingegraben* ist, dass er sich zwar durch seine Sünde zudecken, verstellen und verunreinigen, aber *niemals wieder verlieren kann.*

Der Sündenfall Adams

Böhme kennt ein Geschehen in der Urzeit, das dem traditionell so genannten Sündenfall noch vorausging. Er beschreibt es so: Adam sehnte sich aus der Einheit mit Gott heraus zur Vielfalt der Welt hin, er wurde *am Reiche Gottes müde und blind.* Aus Hunger nach dem Irdischen wollte er *in die Selbstheit eingehen,* um *Bös und Gut zu schmecken.* Dabei verlor er seine göttliche Erkenntnis und fiel in Schlaf. Mit dem Schlaf kündigte sich schon der Tod an. So wie er die Einheit des Seins mit Gott verlor, so entschwand ihm auch die Bewusstseinseinheit mit der himmlischen Sophia. Adam war nun allein. Die ursprünglich androgyne Einheit des Urmenschen war zerfallen.

Sehr krass schildert Böhme, wie sich dadurch das ganze Sein des Menschen verändert hat: *Aus einem Engel war ein Tier worden,* das Animalische hat das Himmlische im Menschen *verschlungen,* erstmals empfand Adam Scham gegenüber *des Leibes Ungestalt.*

Christus, der zweite Adam

Die Gottebenbildlichkeit bleibt dem Menschen aber wie ein tief verborgenes Vermächtnis bewahrt. Denn im Moment des Sündenfalles war es – so Franz von Baader in der Nachfolge Böhmes –, dass *Gottes Herz sich an den Menschen versah.* Man denke an das Gleichnis von der Menschheit als *verlorenem Sohn*, dem der Vater in seiner freilassenden Liebe treu verbunden bleibt! Erstaunlich, wie Baader die Vorbereitung und Veranlagung der Erlösung des Menschen beschreibt: *Der Strahl der göttlichen Liebe oder Jesus* verließ den irdischen Adam, ging in die Sophia ein und *ward im Urbild des Menschen zum Geistmenschen*. Dieser Wesensteil des Urmenschen ist nach Böhme derselbe, welcher später in der Jungfrau Maria geboren wurde! Eine erstaunliche Nähe zu den Schilderungen Rudolf Steiners aus seiner geistigen Forschung.

Als *himmlischer Mensch* vereinigt der neue Adam drei Elemente in sich: Die Gottessohnschaft, den Wesensteil des Urmenschen, der beim Fall Adams in den Himmel entwichen ist, und die aus Maria geborene Leiblichkeit. Das kommt zum Ausdruck in seinen drei Namen: Christus – Jesus – Sohn der Maria. Dieser *himmlische Mensch* ist auf Erden erschienen mit dem Ziel, das Männliche und das Weibliche wieder in die höhere Einheit des Menschen, in das Urbild zurückzuverwandeln, *wie Adam vor seiner Eva war*, als *männliche Jungfrau*. Die Erlösung durch Christus besteht in der Wiederherstellung des Urmenschen in seiner androgynen Einheit.

Ein weiterer Aspekt der Erlösung ist das Wiedererringen der ursprünglichen Leiblichkeit durch Christus. Der dem Tod entrungene Auferstehungsleib ist der *völlig ergänzte* Leib, der in Harmonie Geistiges und Physisches vereinigt, und dem nichts fehlt. Dieser Leib ist *kristallinisch* wie die Geistleiblichkeit des ersten Adam. Mit diesem Leib kann der auferstandene Christus unverletzt *durch Steine, Wasser, Luft und Feuer* hindurchgehen und *in allen Geschöpfen* sein. Sein Licht und Glanz ist so übermächtig wie im Äußeren die *hell leuchtende Sonne.* Die Kräfte seines Leibes können mit nichts verglichen werden außer den Farben der *hell glänzenden Edelsteine, den Diamanten, Rubinen, Hyazinthen, Jaspis.* Der Leib des Auferstandenen ist *hoch triumphierendes, helles, weißes Licht.*

Christus als Stammvater einer neuen Menschheit

Die *Lichtweltsonne* des Auferstandenen schafft den gefallenen Menschen um zu einer *neuen Kreatur.* Christus *zeugt uns den Paradiesleib* wieder an. Dieser neue geistliche Kraft- bzw. Lichtleib ist zugleich das *hochzeitliche Gewand,* das dem Menschen zugedacht ist. Christus als der zweite Adam ist der *Same der Herrlichkeit.* Aus diesem Samen soll einmal das volle Menschentum erwachsen, zu dem die himmlische Jungfrau das *Ideal* in sich trägt. Die *Deformation* des Menschen durch den Sündenfall wird überwunden durch seine allmähliche *Wiederherstellung.* Bei diesem Prozess ist die Sophia Gehilfin des Menschen. Denn *Weisheit ist weisend.* Sie wirkt im Menschen als der *höchste Bildungstrieb,* das höchste Bildungsideal. Gelingt dem Menschen die Verbindung mit diesem Prinzip in innerer Hochzeit, so wird in ihm eine *ewige Jungfrau* geboren. In ihr kann der *Sohn des Menschen* sich verleiblichen.

Das Ziel dieser Entwicklung ist, dass alle Menschen in dem zweiten Adam ihre volle Menschwerdung erreichen. Denn der Mensch ist in die unermessliche Zeit wie ein glänzender Stern hineingestellt. Die verherrlichte und wiedererweckte Menschheit ist bestimmt, *Tempel, Leib und Gemahlin Gottes* zu werden. Das ist das Mysterium des Menschen.

Christus kann aber letztlich nur auf die *lichtfähigen Seelen* wirken, die der Neuwerdung in einer *Lichtgeburt* fähig und willens sind. Es ist Aufgabe des Menschen, durch Christus die physische und moralische Ähnlichkeit mit dem Menschenurbild wiederzuerlangen.

Zusammenfassung

Fassen wir die Darstellungen Jakob Böhmes, seiner Schüler und Geistverwandten zusammen, so kristallisieren sich aus der überquellenden Fülle dieser Schilderungen drei Stufen des Sündenfalls Adams und drei entsprechende Stufen der Erlösung durch Christus, den zweiten Adam, heraus: In einer ersten Stufe verliert Adam sein universelles, göttliches Bewusstsein, er trennt sich von der himmlischen Jungfrau, der göttlichen Sophia. Er schläft – geistig gesehen – ein. In einer zweiten Stufe geht er dadurch in sein Zentrum, verliert aber seine Stellung im Kosmos, in der er alles – wie die Strahlen der Sonne – mit seinem Lichte durchdrang. Er wird kosmisch einsam. In einer dritten Stufe – durch das Essen vom Baum der Erkenntnis – wird er aus dem Paradies des ewigen Lebens endgültig vertrieben, entblößt seiner Ewigkeit.

Christus erobert durch seine Erlösungstat das Verlorene für die Menschheit zurück, die selber durch Gnade und aktive Aneignung ihre Bestimmung neu ergreifen und verwirklichen kann. Auch die Erlösungstat vollzieht sich in drei Schritten: In der *Auferstehung* erobert Christus die Geistleiblichkeit des Menschen zurück, indem er den Tod überwindet. Der Leib des Auferstandenen erscheint aus *triumphierendem, hellen, weißen Licht* gebildet. In der *Himmelfahrt* entschränkt und weitet sich der Auferstandene zum vielfarbigen kosmischen Wesen. Er wird als kosmisches Sonnenwesen zum Herrn der Himmelskräfte auf Erden, der das Leben der gesamten Welt trägt und ordnet. Ihre Mitte ist Maria, die zum Gefäß der göttlichen Sophia geworden ist. Christus sendet zu Pfingsten den Heiligen Geist, der heilt, der Erkenntnis weckt, der alles verbindet, was getrennt und auseinander gefallen war.

Durch die dreifache Erlösungstat des zweiten Adam wird der dreistufige Fall des ersten Adam überwunden.

Seit Jakob Böhme hat die moderne Naturwissenschaft einen unaufhaltsamen Siegeszug angetreten. Man denke im Bezug auf die Erforschung des menschlichen Leibes an die Fortschritte der Anatomie. 1634, acht Jahre nach Böhmes Tod, malt Rembrandt das berühmte Bild »Die

Anatomie des Professors Tulp« (Den Haag, Mauritshuis): Das Innere des menschlichen Körpers wird dem äußeren Blick erschlossen. Das Funktionieren des menschlichen Körpers wird untersucht in immer neuen Einzelheiten. Diese Forschungsrichtung entwickelt sich mit großer Dynamik bis zur heutigen Gen- und Hirnforschung.

Zugleich wird bei der Überfülle der Einzelheiten der Blick auf das Ganze schwieriger, besonders wenn man mindestens die Frage offen lässt, ob nicht das Ganze mehr ist als die Summe seiner Teile. In diese Richtung gehen die Arbeiten von Johannes W. Rohen, der aus seiner jahrzehntelangen Forschungs- und Lehrtätigkeit eine Morphologie des menschlichen Organismus entwickelt hat, die er selbst den *Entwurf einer goetheanistischen Gestaltlehre des Menschen* nennt. Rohen hat als letzte große Arbeit eine *Funktionelle Anthropologie* vorgelegt, aus der ersichtlich wird, wie das Ganze des Menschen ein einheitlicher Funktionszusammenhang ist, der gerade verloren geht, wenn der Mensch stirbt. Der Leichnam ist nur noch das tote Bild des Ganzen, aber ohne das *lebend'ge Band*, das alles verbindet und zur Einheit macht. Rohens Arbeiten zeigen einen Weg, wie das getreue Studium der Gestalt des menschlichen Leibes zum Spirituellen führt.

Das Auferstehungsleben hat begonnen.

Origenes

… so ist Ziel aller Sehnsucht das vollkommene Leibliche als Abglanz und Gegenbild des vollkommenen Geistigen.

F. W. J. Schelling

IV. Zukunft in der Gegenwart – Leib- und Auferstehungsmotive in kultischen Texten der Christengemeinschaft

Das kultische Jahr: Die Episteln als Apokalypse Christi. Weihnachten: Das Erküren des Menschenleibes. Ostern: Leibliche Auferstehung. Das Fortwirken der Christus-Tat im Erdenmenschen. Abschluss: Auge, Ohr und Hand des Auferstandenen.

Das kultische Jahr: Die Episteln als Apokalypse Christi

Im Kultus lebt Zukunft in der Gegenwart. Was noch nicht da ist, existiert doch schon als Zukünftiges, keimhaft seinem Werdeziel zustrebend. So wie der Pflanzenkeim tief verborgen inmitten seiner umgebenden Finsternis von der Sonne weiß und ihr zustrebt, so weiß auch der Erdenmensch als von Gott ausgegangene *Menschensaat* von seiner göttlichen Herkunft. Dieses Bewusstsein droht heute ganz zu verlöschen. Alle Kraft muss aufgebracht werden, um diesen verborgenen Keim – das

Bewusstsein göttlicher Herkunft – wie einen Schatz zu bergen und zu vollem Leben zu erwecken. Davon hängt die Zukunft des Menschen ab.

Das aktive Hören und Miterleben des Kultus erhebt die Seele zu dem Göttlichen – analog dem »sursum corda« (Hinauf die Herzen) – in der lateinischen Messe. Die göttliche Gnade, der Inhalt der christlichen Hauptfeste, neigt sich dem Menschen entgegen. Da, wo die sich erhebende Menschenseele sich von der göttlichen Gnade berührt und durchglüht fühlt, geschieht das eigentliche christliche Fest, entstehen die Zukunftskräfte für die weitere Entwicklung des Menschen.

Diesem Ziel dient der Gottesdienst der Christengemeinschaft, die Menschenweihehandlung. Sie wirkt wie eine Geburtshelferin. Das Mitfeiern der Menschenweihehandlung setzt göttliche Kraft im Menschen frei. Mitvollbringen heißt: Hören des *Wortes* des Evangeliums, Hingabe an Gott im *Opfer*, staunende Anteilnahme am Aufleben des Christusopfers in der *Wandlung*, Begegnung mit dem Menschensohn im Empfang der heiligen Gaben von Brot und Wein und des göttlichen Segens in der *Kommunion*.

Dieses vierstufige Grundgeschehen erscheint im Jahreslauf im Gewand der christlichen Feste. Im Eintauchen in die Dynamik und in den jeweiligen Offenbarungscharakter der Feste eröffnet sich dem Geist-suchenden Menschen der Raum, in dem Christus als gegenwärtig erfahren werden kann. Christus im Gang der christlichen Feste gewahr werden, ist die Apokalypse der Gegenwart.

Die Festesgebete der Menschenweihehandlung – die Episteln – offenbaren den gegenwärtigen Christus, sind aus ihm geboren und führen zu ihm hin. Sie erklingen erwartungsvoll-adventlich, offenbarend-weihnachtlich, wegweisend-epiphanisch, sodann selbsterkennend in der Passion, auferweckend-österlich, kosmisch-weit in der Himmelfahrtszeit, schließlich entflammend-pfingstlich, lichthaft-johanneisch, erstrahlend-michaelisch. Durch Klang und Rhythmus dieser »Briefe« des gegenwärtigen Gottes – »Epistel« heißt ursprünglich »Brief« – leuchtet Zukunft auf.

Es ist noch nicht erschienen, was wir sein werden. Die Ahnung, wer wir einmal sein werden, wird in den Episteln genährt durch die Bilder des werdenden Menschen. Der *Christus in uns* wird uns nach und nach ganz verwandeln, Christus wird *an uns* erlebbar werden. Das ist das Ziel der Menschenweihehandlung: aus der Kraft der Auferstehung wahrhaft Mensch werden. Im Miterleben der Episteln im Jahreslauf bildet sich diese zukünftige Leiblichkeit des Menschen. Dieser Aspekt wird am deutlichsten zu Weihnachten und Ostern. Denn Weihnachten ist das Fest der Geburt, der Leibwerdung Jesu Christi, und Ostern das Fest der Todüberwindung, der leiblichen Auferstehung, an der die Menschheit nach und nach teilhaben soll.

Weihnachten: Das Erküren des Menschenleibes

Christus ... hat den Erdenleib erkoren,
in dem er wohnen mag ...

Wie hat die Menschheit im Laufe ihrer Geschichte ihr Verhältnis zum Leibe erlebt? Für den Inder ist der Leib mehr etwas Äußeres, ein Kleid, das man ablegt, wenn es zerschlissen ist, um dann später einen neuen Leib ›anzuziehen‹. Für den Griechen ist der Leib enger, bedrängender. Die Souveränität des Geistes wurde schwächer, wie eine an Licht abnehmende Leuchte. Für Plato etwa ist der Leib das *Gefängnis der Seele*, aus dem nur der Tod endlich befreit. Den Römern wird der Leib zum Instrument des menschlichen Willens, der sich die Erdenwelt zueigen macht.

Durch das Christentum kommt zu diesen Grundempfindungen von Kleid, Gefängnis und Instrument noch eine ganz andere Dimension hinzu: Der Leib als Tempel, als Wohnstätte göttlichen Geistes.

In feierlichen Worten wird zu Weihnachten die Menschwerdung Christi beschrieben: Christus hat

den Erdenleib erkoren,

um in ihm fortan zu leben und zu wohnen. In dem Wort »erkoren« liegt eine feierliche Geste: sich wohlüberlegt dem Gegenüber zuzuwenden, es zu erwählen, aber zugleich auch zu erhöhen. Durch Christus wird der Erdenleib des Menschen mit seinem eigenen Urbilde wieder vermählt. Er nimmt den Leib des Menschen an,

um in ihm zu wohnen.

Das Wort »wohnen« ist ein Grundwort des Johannesevangeliums (griech. *ménein*), das oft auch mit »bleiben« übersetzt wird. Auch dieses Wort wird durch Christus erhöht in seinem inneren Klang, wenn es im Johannesevangelium heißt: *Wohnet (bleibet) in mir und ich in euch.* Durch das Wohnen bekommt die Menschwerdung Christi Dauer und Treue, bis hin zu dem vermächtnishaften Wort: *Ich bin bei euch alle Tage bis an das Ende der Erdenzeit.*

Indem Christus Mensch geworden ist, kam er in sein Eigentum, denn *alles ist durch ihn*, den Logos, *entstanden.* Und so klingt die Urschöpfung des menschlichen Leibes mit an, wenn Johannes die Menschwerdung des Logos in die Worte fasst: *Und das Wort ist Fleisch geworden.*

Der einmalige Entschluss zur Menschwerdung wird zu einem dauerhaften Bleiben im Leibe, wodurch der Mensch befreit werden kann vom Wirken der Widersacher, von *trügendem Scheinlicht* und von *würdeloser Sinnensucht.* Mit Weihnachten beginnt der Weg, auf dem Christus den menschlichen Leib mit seinem göttlichen Urbild wieder vereinigt und ihn durch die Auferstehung zum Tempel Gottes erhebt.

So wird im weihnachtlichen Erleben des Kultus das Bild des Menschenwerdens, von dem die Adventsepistel spricht, leibhaftige Wirklichkeit. Nicht nur das Kind, der Mensch wird geboren.

Ostern: Leibliche Auferstehung

Es fühlet mein Geist den Todbesieger.

Infolge des Sündenfalles haben sich die Widersachermächte im Menschen eingenistet und ihn sündenkrank gemacht. Vor der Zeitenwende waren sie sich ihrer Herrschaft über die Erde sicher – der Mensch verlor mehr und mehr die Verbindung mit dem Göttlichen. Auch heute ist diese Gefahr trotz der Auferstehungstat des Christus nicht gebannt. Es steht dem Menschen frei, *sein Ewiges zu begraben*, sich mit Leib, Seele und Geist den Todeskräften auszuliefern. Es steht ihm aber auch frei, seine Gottesferne zu fühlen, zu erkennen und Gott um Hilfe anzurufen:

Mein Ich liegt klagend am Boden, erhebe es ...

Was geschieht in der Osterzeit, um den drohenden Tod des Menschen abzuwenden und zu überwinden? Die Episteln der Osterzeit schildern uns einen konkreten Weg. Zunächst werden die Bilder des Ur-Ostern vergegenwärtigt und uns nahegebracht. Wir begleiten bei

Sonnenaufgang die Frauen auf ihrem Weg zum Grabe und erleben mit ihnen, dass

das Grab leer ist.

Das muss ausgehalten, ertragen werden – dann kommt der Umschlagspunkt:

das Herz ist voll,

das Herz »weiß« mehr. *Frohlockende* und *heilsame Kraft* zieht in den Menschen ein – er weiß noch nicht, wie und woher. Bedingung dafür aber ist, dass er in der Passionszeit mit Christus mitgelebt, mitgelitten hat, um *mit ihm* gekreuzigt zu werden und *mit ihm* zu sterben. Dann kann es Ostern werden: Angesichts des leeren Grabes erfüllt das menschliche Herz ungeahnte Osterwärme. Entbehrung wandelt sich in Erfüllung im Ahnen von Christi Auferstehung, die sich dem Menschen auf zarte Weise mitteilt. Das Blut pulsiert anders, das Herz schlägt höher. *Jubel* ergreift den Menschen, er erlebt in seinem Blute die göttliche Gnade als eine lebendige Macht.

Die ahnende Frage: »Was geschieht hier?« führt zu der Frage: »Wer ist da wirksam, wem begegne ich?« Nur *eine* Haltung ist da der tief empfundenen und erahnten Realität angemessen. Der Mensch beginnt aus tiefstem Herzen den göttlichen Geist zu *loben*. Aber dieses Loben ist nicht blind. Das Herz beginnt zu sehen. Die Seelenaugen, zu Advent geweckt und am Weihnachtsgeschehen erübt, fühlen in ahnendem Schauen und freudigem Loben den Todbesieger:

Es fühlet mein Geist den Todbesieger.

Die Ahnung, dass mit dem ins Grab Gelegten etwas Ungeheures geschehen ist, dass er selber den Leib »auferstehen gemacht« hat, verdichtet sich zu dem Wesenseindruck des *Todbesiegers*. Die historische Tat – *Dann überwand er den Tod nach dreien Tagen* – erneuert sich für den zur Begegnung herangereiften Menschengeist.

Der einst zum *Beistand der verstorbenen Seelen* wurde, dann den Tod überwand, ist nun der *Todbesieger* auf ewig, er ist für uns

als Erdensinn erstanden.

Nach Evangelium und Credo erklingt ein weiterer hymnischer Ostertext. Darin heißt es: Christus hat nicht nur den Leib des Menschen, sondern den gesamten *Leib der Erde* ergriffen, sich wieder zueigen gemacht. Die Erde aber – zu diesem Erleben führt uns der Osterweg der Episteln – ist nicht nur festes Gestein. Sie hat ein lebendiges Pflanzenkleid und ihren Luftleib, der einen eigenen Atem hat. Dieser Erdenatem erfüllt sich mit der Kraft der Auferstehung:

Es frohlocket in Wonne der Kreis der Erdenluft.

Kosmische Kraft hat den Erdenumkreis neu ergriffen. Christus als Geist der Sonne hat der Erde geistige Sonnenkraft geschenkt, *auf dass auch sie einst Sonne werde* (Christian Morgenstern).

Der Erde Atem lebt in geistesleuchtender Sonnenkraft.

Der Leib, den der Sohn Gottes erkoren hat, wächst ins Kosmische. Er umfasst das, was wir gewöhnlich unsere feste Erde nennen, in dessen *Herz* der Menschensohn drei Tage und drei Nächte weilte, dann die Welt des Lebendigen und schließlich die Atmosphäre, die die Erde schützt, uns Luft zum Atmen schenkt und zugleich Licht und Wärme aufnimmt.

Nach diesem Aufblick zum kosmischen Ostergeschehen wendet sich die Epistel zurück zum Menschen. Gnadenhaft erhält jeder Mensch ersten Anteil an dem todüberwindenden Ostersieg und an der darin wirksamen Kraft.

Christus ist eingezogen
in den frohlockenden Lebenspuls des Menschen.

Dies gilt für alle Menschen. Aber es bleibt die Frage: Will sich der Einzelne in seiner Seele diesem Geschehen öffnen? Der Auferstandene kann zur eigenen Auferstehung führen, wenn der Mensch ihn *findet in der Wonne seiner Seele.*

Das nur noch selten gebrauchte Wort *Wonne* hat nicht nur seelische Bedeutung, sondern eine eminent geistige. Rudolf Steiner weist einmal darauf hin, dass der alte indische Ausdruck *Devachan* (höchster Himmel) auch übersetzt werden könne mit *Reich der Wonne*. Dann fügt er hinzu, dass Wonne ein Zustand ist, *der alle Sorge um das Vergangene vergessen macht und das Herz lediglich für die Zukunft schlagen lässt*.

Was kann die so erfüllte Seele konkret in sich finden und erleben als Wirkung des Ostergeschehens? Sie kann in sich erfühlen, *was in Kraft erstanden* aus der Macht des Todes; weiterhin, was in ihr wie *neu geboren* ist aus *Christi Leben*, und schließlich, was heilend wirkt auf *das Ich* in den Tiefen der menschlichen Seele. In der freudigen Hingabe wird der Mensch selbst österlich, erfährt Auferstehung in und an seinem Wesen.

Wir beschränken uns hier auf die erste Aussage, dass wir zu Ostern in uns finden können,

was in Kraft erstanden aus Todesketten.

Von einer Befreiung aus Todesketten erzählt uns einmal die Apostelgeschichte. Paulus und seine Begleiter waren nach vielen Schlägen ins Gefängnis geworfen und angekettet worden. Um Mitternacht, während Paulus und Silas beteten, gab es ein heftiges Erdbeben, sodass die Grundmauern des Gefängnisses erschüttert wurden, die

Türen aufsprangen und die in die Wände eingelassenen Fußblöcke zerbrachen.

Auf ein noch viel tieferes Geschehen verweist uns die Osterepistel. Nicht die wunderbare Befreiung einiger Menschen aus den Fesseln ihrer äußeren Gefangenschaft ist ihr Inhalt, sondern die Befreiung des Menschenwesens überhaupt! Und es ist die zentrale Aussage des Christentums, dass es um mehr geht, als um die Befreiung der Seele, nämlich um *die Befreiung des Leibes aus der Materie*.

Das uns Leib und Materie in unserem heutigen Bewusstsein nahezu identisch erscheinen, ist schon die Wirkung der Tatsache, dass der Geist in der Materie untergegangen ist. Der ursprünglich rein geistige Leib des Menschen hat sich an die Materie gekettet. Christus befreit ihn aus dieser Gefangenschaft. Nur seine Kraft kann den Menschen in seiner gottebenbildlichen Gestalt zur Auferstehung bringen. Und so können wir die Gnade der Auferstehung leibhaftig fühlen, können fühlen, was *in Kraft erstanden aus Todesketten*.

Der Akt der Auferstehung befreit uns aus dem Tode zu neuem Leben, aus der Finsternis zum Licht, er ist eine Neugeburt. Was in Christi Leben neu geboren wurde, erschließt sich dem Feiernden zu Ostern als das Erlebnis eigener Auferstehung, die wie in wachsenden Ringen dem Menschen erlösend zuströmt, physischen Leib, Bildekräfte, Seele und Ich anfänglich ergreifend.

Das Fortwirken der Christus-Tat im Erdenmenschen

Polar zum Osterfest steht das Michaelfest. Dieses will die Erkenntnis der Auferstehung vertiefen. Michael will uns *führen zu einem höheren Ahnen* der Oster-Tat: Christus hat den Leib des Jesus nach und nach ganz geläutert, gereinigt und vergeistigt. Er hat das Gold des Leibes aus der Materie herausgeschmolzen. Die Michaeliepistel endet dann mit einem Motiv, über das man eigentlich nicht genug staunen kann: dass die *Lebenstodestat* des Christus

fortwirkt im Erdenmenschen.

Was bedeutet das? Zum einen sollen wir unser individuelles Erdensein durchgeistigen, zum andern auch allmählich die *Welt* verwandeln, oder – wie die Michaeliepistel sagt:

dem Leben Licht bringen.

Ein Motiv, das uns an eine Stelle in den Paulusbriefen erinnern kann: Paulus spricht weit vorausblickend davon, dass *alle Kreatur seufzt und harret auf das Licht der Söhne Gottes*, d. h. der Menschen! Der Quellort dieses Fortwirkens der Christustat im Menschen zu *seinem und der Welt Heil* aber ist das Weiheopfer, das Gott und Mensch immer neu in königlicher Hochzeit vermählt, um den Weltenfortgang zu bewirken.

Die Episteln des christlichen Jahreslaufes sind die Sprache des gegenwärtigen Christus. Wer sich in sie einlebt, wird selber erfahren, warum Rudolf Steiner auf die Frage, wie man sich auf Damaskus-ähnliche Christuserlebnisse vorbereiten könne, antwortete: *Das ist erst möglich, wenn man Christus im Jahreslauf erlebt.*

Abschluss:
Auge, Ohr und Hand des Auferstandenen

Die kultischen Handlungen erfließen aus der Offenbarung Christi, sie sind Wesensäußerungen des Auferstandenen. Lange Zeit hatte die katholische Kirche die Sakramente abgeleitet aus der *Kraft der Passion Christi* (ex virtute passionis). Im 2. Vatikanischen Konzil wurde diese Formel erweitert. Es wurde festgelegt, dass die Sakramente in der *Kraft der Passion und der Auferstehung Christi* (ex virtute passionis et ressurectionis) ihren Ursprung haben. In den kultischen Texten und Handlungen der Christengemeinschaft ist dies schon von Beginn an Wirklichkeit.

So sei zum Schluss darauf hingedeutet, dass sich die leibhaftige Offenbarung des Auferstandenen im kultischen Zusammenhang in drei Momenten in besonderer Weise offenbart. In der *Trauung* steht vor dem Brautpaar ein Tischchen, auf dem ein Bild Christi aufgestellt ist. Dies macht sinnlich sichtbar, was zu Beginn der Trauung als geistige Realität von der Anwesenheit des Auferstandenen ausgesprochen wird. Diese Anwesenheit wird leiblich-konkret so formuliert, dass der Vollzug der Trauung geschieht

unter Christi Augen.

Die Leiblichkeit des Auferstandenen verdichtet sich bis zu den sinnlich-übersinnlichen Augen, die auf uns schauen. Von dieser Beschreibung, die für Augen-Blicke jeder selber in ihrer Realität empfinden mag, kann eine Sicherheit ausgehen, dass dies immer so ist, dass der Auferstandene auf uns schaut, auch wenn wir es nicht realisieren. Jedes gelungene Bild des Auferstandenen zeigt nicht nur, wie wir ihn sehen können, sondern eröffnet uns auch die Wirklichkeit, dass unser Leben *unter Christi Augen* geschieht.

In der Menschenweihehandlung finden wir zwei weitere Momente, in denen die Auferstehungsleiblichkeit konkret wird. Zuerst geschieht dies in der Opferung. Der Wortgottesdienst, das Hören des Evangeliums, das neue Bekenntnis impulsieren den Geist des Opferns. Das Bringen des Opfers wird bekräftigt durch das Bringen des Weihrauchopfers. Wer aufmerksam die Weihehandlung miterlebt, kann die Intensivierung und Verdichtung durch das Weihrauchopfer erleben. Das Wort *Christus* bzw. *durchchristet* erklingt betend ungewöhnlich oft, seine Gegenwart erbittend, beginnend mit dem Aufruf: *Christus in uns!* Er in uns ist der eigentlich Opfernde. Er muss in uns erweckt werden in der betenden Gemeinde wie damals,

als die Jünger im Unwetter den schlafenden Christus im Boote weckten, um den Sturm zu stillen. Der *Christus in uns* ist wie ein Abglanz des uns alle umfassenden kosmisch-großen und doch so nahen Christus. Und so wird in den aufsteigenden Opferrauch, der immer die Gebete der Menschen dem Göttlichen entgegengetragen hat, die Bitte hineingesprochen, dass unser Gebet sein möge

für sein Ohr.

Der Auferstandene in seiner geistigen Gegenwart verdichtet sich zu dem Hörenden. Christus, höre uns! *Neige dein Ohr zu mir!* Das Gebet erscheint in seiner Urgestalt als gegenseitiges Sprechen und Hören. Denn das Wort *Wer Ohren hat zu hören, der höre!* gilt gerade auch für das Beten. Denn Beten heißt nicht einfach *Losreden zu Gott*, sondern gründet im *Stillwerden, bis man Gott hört* (Kierkegaard). Die Wiederkunft Christi kann auch geschehen, wenn wir in der Stille hörend werden und bitten, dass unser Gebet sein möge für *sein Ohr*.

Ein drittes Mal erscheint eine konkrete Andeutung der Leiblichkeit des Auferstandenen im Gebet der Totenweihehandlung, das nach der Kommunion für den Verstorbenen eingefügt wird. Diese große Fürbitte begleitet den Weg des Verstorbenen aus dem Irdischen ins Geistige. Ruhige Herzenskraft fügt sich so dem nachtodlichen Schicksal ein. Und so wendet sich die Gemeinschaft bittend an den göttlichen Weltengrund, die Seele aufzunehmen in die höheren Lebenskreise der geistigen Welt.

Der Erdentod ist von der geistigen Welt her gesehen eine Geburt, so wie die frühen Christen vom Todestag als ihrem wahren Geburtstag sprachen! Und so heißt es in der Fürbitte der Gemeinde sehr konkret, der Vatergott möge die im Tode neu geborene Seele aufnehmen

aus Christi Hand an der Todespforte.

Christus konnte unmittelbar zum Vater beten: *In deine Hände befehle ich meinen Geist.* Wir haben in Christus den helfenden Führer, in dessen Hand wir uns im Sterben fühlen dürfen, und der uns leitet in die Welt des ewigen Seins zu dem Tage, dem keine Nacht dunkelt. Denn:

Christus ist auferstanden –
Er ist wahrhaftig auferstanden!

Anhang

Antike christliche Autoren

Die folgenden Hinweise geben einen kurzen Einblick in Leben und Werk der zitierten christlichen Autoren. Als Quellen wurden benutzt:

Lexikon der antiken christlichen Literatur, hrsg. v. Siegmar Döpp und Wilhelm Geerlings, 3. Aufl. Freiburg/Basel/Wien 2002 (LACL)

Kelber, Wilhelm: Die Logoslehre von Heraklit bis Origenes, Stuttgart 1958 (Kelber)

Kirchenväterlexikon, hrsg. v. Heinrich Kraft, in: Texte der Kirchenväter, München 1966, Bd. V, S.9-509 (TdK)

Riemeck, Renate: Glaube, Dogma, Macht, Geschichte der Konzilien, Stuttgart 1985 (Riemeck)

Spoerri, Robert: Von Geist des Urchristentums, Basel 1941 (Spoerri 1941)

Ders.: Vom Untergang des christlichen Geistes, Basel 1943 (Spoerri 1943)

Steiner, Rudolf: Bausteine zu einer Erkenntnis des Mysteriums von Golgatha (GA 175)

Wagner, Reinhard: Die Gnosis von Alexandria. Eine Frage des frühen Christentums an die Gegenwart, Stuttgart 1968 (Wagner)

Athanasius von Alexandrien (295–373)

Athanasius wird 328 Bischof von Alexandrien. Damit hat er den Vorsitz über die Kirchen Ägyptens, Libyens und der Pentapolis (fünf griechische Städte in Nordafrika) inne. Er ist Gegner des Arius, der 325 v. Chr. auf dem Konzil von Nicäa mit seinen Anhängern aus der Kirche ausgeschlossen wird. Athanasius vertritt gegen die Arianer die Auffassung, Christus sei in seiner Gottheit wesensgleich (*homousios*) mit dem Vater, während die Arianer die Menschennähe Christi betonten: Christus ist dem Vater ähnlich (*homoiusios*), er lebt in jedem Menschen.

Athanasius zählt mit Basilius, Gregor von Nazians und Johannes Chrysosthomos zu den großen griechischen Kirchenlehrern.

Lit.: LACL 69-76; TdK 60-69; Riemeck 9-31.

Ambrosius von Mailand (333/334–397)

Ambrosius wird als Kind einer vornehmen, christlichen Familie in Trier geboren, wächst dann in Rom auf, wo er eine strenge und sorgfältige Erziehung erfährt. Unter anderem erwirbt er sich ausgezeichnete Kenntnisse der griechischen Sprache. Ambrosius wird zunächst Beamter und steigt auf zum Provinzialstatthalter in Mailand. Es gehört zu seinen Aufgaben, der Neuwahl des Bischofs beizuwohnen. Als diese zu keinem Ergebnis führt, wird er selbst – obwohl noch ungetauft! – zum Bischof vorgeschlagen und 374 einstimmig gewählt. Die Weihe eines Neugetauften zum Bischof widersprach dem damaligen Kirchenrecht!

Ambrosius wurde bekannt für seine Predigten und Hymnen (»Te Deum laudamus«) und wird mit Hieronymus, Augustinus und Gregor dem Großen zu den bedeutendsten lateinischen Kirchenlehrern gezählt.

Lit.: LACL 19-28; TdK 22-29; Spoerri (1943) 111-135: Ambrosius, Bischof von Mailand. Von der frühchristlichen Bußpraxis. Der ambrosianische Hymnengesang.

Augustinus (354–430)

Augustinus wird in Nordafrika als Kind einer christlichen Mutter und eines heidnischen Vaters geboren. Nach grundlegender Ausbildung in Grammatik und Rhetorik wecken die Schriften Ciceros (106–43 v. Chr.) in ihm die Liebe zur Weisheit, die ihn zu den Manichäern als den »ernsteren Christen« führt – ernster, da ihre Lehre auf Einsicht, nicht auf Autorität beruhe! Später distanziert er sich von den Manichäern, enttäuscht von deren Bischof Faustus, und wird Lehrer für Grammatik und Rhetorik. In Mailand lernt er die allegorische Schriftauslegung des Ambrosius und die neuplatonische Philosophie (»Gott ist unwandelbares Licht«) kennen. In der Osternacht 387 lässt er sich 33-jährig von Ambrosius taufen, wird bald Priester und 395 Bischof von Hippo (Nordafrika). Neben seiner Tätigkeit als Prediger und Seelsorger verfasst Augustinus ein umfangreiches

Schrifttum. Seine »Bekenntnisse« (*Confessiones*) gelten als erste Autobiografie, die Schrift »Vom Gottesstaat« gibt eine theologische Schau der Geschichte. Fast alle seine Schriften haben polemische Anlässe.

Augustinus hat wie kein anderer Theologe das westliche Christentum geprägt (Trinitäts-, Gnaden- und Kirchenlehre). Seine Werke vereinigen das Denken der frühen Kirche mit platonischer Geistigkeit. »Die lateinische Theologie ist bis heute nur eine Fußnote zu Augustinus.« (W. Geerlings)

Lit.: LACL 78-98; TdK 71-98; Spoerri (1943) 136-162: Aurelius Augustinus. 1. Seine Bekenntnisse, die erste Selbstbiografie; 163-189: 2. Der Lehrer des abendländischen Christentums; Dieter Bumiller, Augustinus. Stuttgart 1977.

Cyrill von Jerusalem (313–386)

In oder bei Jerusalem geboren, wird Cyrill 343 Priester und 348 Bischof von Jerusalem. Überliefert sind verschiedene Lehrpredigten (Katechesen) zur Taufvorbereitung und fünf an die Mysterien heranführende Ansprachen (»mystagogische Katechesen«), die in der Osterwoche für die Neugetauften gegeben wurden. Denn erst die Erfahrung der Taufe mache die Getauften fähig, die Taufe zu verstehen. Die Mystagogik deckt die innere Bedeutung der Mysterien, d. h. der Sakramente und ihrer Wirkungen auf.

Lit.: LACL 178-180; TdK 160-162.

Fulgentius von Ruspe (462/468–527/533)

In Nordafrika geboren, wird er zunächst Steuereinnehmer, die Lektüre von Augustinus aber veranlasst ihn, Priester zu werden, später wird er Bischof. Er wurde der größte Theologe seiner Zeit, seiner starken Anlehnung an Augustinus wegen, wird sein Werk auch »Augustinus in Kurzform« genannt. Er lehrt u. a., dass der Heilige Geist aus Vater und Sohn hervorgegangen sei, was zum Hauptstreitpunkt zwischen Ost- und Westkirche wird (»Filioque-Streit«). Die Ostkirche vertritt bis heute den Standpunkt, dass der Geist nur vom Vater ausgehe.

Lit.: LACL 274-276; TdK 232-235.

Gregor von Nazianz (326 – ~ 390)

In Kappadozien im östlichen Kleinasien geboren, besucht er verschiedene Hochschulen, u. a. die über achthundert Jahre bestehende Schule der platonischen Philosophie in Athen. 357 wird er Mönch, mit Basilius gibt er eine »Blütenlese« (*Philokalia*) aus dem Werk des Origenes heraus. Seine Reden und Predigten tragen in sonst ganz unbekanntem Ausmaß persönlichen Charakter. Er setzt besprochene Glaubensinhalte in Beziehung zur eigenen Person und entwickelt so eine eigene Christusmystik. Seine Gedichte sind die bedeutendste Nachblüte hellenischer Poesie. Mit Athanasius, Basilius und

Chrysosthomos zählt er zu den großen Kirchenlehrern des Ostens.

Lit.: LACL 295-299; TdK 246-248.

Gregor von Nyssa (335/340– ~400)

In eine christliche Familie in Kappadozien (Kleinasien) hineingeboren, verehrt Gregor seinen älteren Bruder Basilius den Großen als »Vater und Lehrer«. Im Jahr 371/372 wird er Bischof, genießt in seiner Zeit hohes Ansehen und verfasst u. a. Trauerreden auf berühmte Persönlichkeiten. Er integriert in sein Werk platonische Philosophie (»Weisheit von draußen«) und steht Origenes positiv gegenüber; so übernimmt er von ihm die Auffassung von der letztendlichen Rettung der Welt, der »Wiederbringung aller Dinge«. Dem Menschen ist ein unendlicher Aufstieg zu Gott möglich, ja seine Seligkeit liegt in der »endlosen Reise« des Menschen zu Gott.

Lit.: LACL 299-304; TdK 248-251.

Ignatius von Antiochien (? – vor 117)

Über Ignatius ist nur sehr weniges bekannt; als Bischof von Syrien wird er nach Rom verschleppt, wo er im Tierkampf unter Trajan (oder später unter Hadrian) das Martyrium erleidet. Auf der Reise dorthin schreibt er sieben Briefe, in denen er u. a. über die Gottheit Christi, über die Eucharistie (*pharmakon athanasias* – »Heilmittel zur Unsterblichkeit«) und über die Verfassung der Gemeinde spricht. Die Echtheit der Briefe ist umstritten.

Lit.: LACL 346-348; TdK 295; Spoerri (1941) 31-53: Ignatius von Antiochia: Bedeutung und Handhabung der urchristlichen Sakramente.

Irenäus von Lyon (~ 140– ~ 202)

In Kleinasien geboren, kommt er auf unbekannte Weise nach Gallien und wird Bischof von Lugdunum (Lyon). Der Titel seines Hauptwerkes lautet: »Überführung und Widerlegung der zu Unrecht so genannten Gnosis« und wendet sich hauptsächlich gegen die Valentinianer. Dem Titel ist zu entnehmen, dass Irenäus Gnosis selber als positiven Begriff innerhalb der christlichen Lehre erhalten will, er sich aber gegen den Gnostizismus abgrenzt. Die Valentinianer, die den Kreuzestod Christi leugnen, berufen sich zu Unrecht auf Valentinus, der Mitte des 2. Jahrhunderts mindestens 15 Jahre unangefochten in Rom lehrte! (vgl. LACL 710f.) Irenäus legt die überlieferte Kirchenlehre als einer der ersten im Zusammenhang dar (Bedeutung der Tradition des biblischen Kanons, Taufbekenntnis als Glaubensnorm, Lehre vom einen und dreieinen Gott).

Lit.: LACL 351-355; TdK 315-318; Frieling, Rudolf / Schühle, Erwin: Christentum und Gnosis, Stuttgart 1962, S. 34ff. zu Valentinus.

Johannes Chrysosthomos (344/354–407)

Johannes, im syrischen Antiochien geboren, trägt seit dem 5./6. Jahrhundert wegen seiner Rednergabe den Beinamen »Goldmund« (*Chrysosthomos*). Seine Mutter verschafft ihm eine umfassende geistige Bildung auf der Grundlage der griechischen Sprache. 368 wird er getauft, bald darauf zieht er sich für sechs Jahre zu asketischem Leben in die Berge zurück, wobei er die Heilige Schrift auswendig lernt. Schwere Gesundheitsschäden zwingen ihn, nach Antiochien zurückzukehren. Als Diakon und Presbyter erwirbt er sich großen Ruhm durch seine Predigten. Als Bischof von Konstantinopel (ab 398) verlangt er von den Klerikern einen einfachen Lebensstil, worin er selber Vorbild ist. Mit den frei gewordenen Geldmitteln gründet er Krankenhäuser, Unterkünfte für Fremde usw. Diese Reformen bringen ihm viel Feindschaft und schließlich die Verbannung ein.

Seine besondere Liebe gilt der Liturgie als Mitte des Gemeindelebens. Er ist genialer Verkündiger, stellt die liebevolle Zuwendung zu den Armen in den Mittelpunkt und strebt mit den Gemeinden danach, das ganze Leben zum Gottesdienst zu erheben. Er hinterlässt das umfangreichste Werk von allen griechischen Kirchenvätern.

Lit.: LACL 378-385; TdK 299-303.

Justin der Märtyrer (~ 100 – ~ 165)

In Flavia Neapolis (dem alten Nablus/Sichem in Samarien) geboren, wird Justin Anhänger der platonischen Philosophie. Später sieht er im Christentum die wahre Philosophie. Als bedeutendster Apologet (Verteidiger der christlichen Lehre) des 2. Jahrhunderts bedient er sich in seinen Schriften gegen die Heiden, gegen Irrlehrer und den römischen Staat als Erster der griechischen Philosophie. Er schätzt besonders die Offenbarung des Johannes, zu deren Aufnahme in den Kanon der Heiligen Schrift er damit indirekt beigetragen haben dürfte.

Lit.: LACL 411-414; TdK 332-335.

Klemens von Alexandrien (140/150–220)

In heidnischem Elternhaus – vielleicht in Athen – geboren, unternimmt er später als Christ ausgedehnte Studienreisen durch Griechenland, Unteritalien, Syrien und Palästina mit Interesse für die Mysterien. Die Weltstadt Alexandria wird ihm wegen ihres geistigen Lebens zur Wahlheimat. Dort wird er Leiter der Katechetenschule. Ab 202 wirkt er als Priester in Jerusalem. Klemens vertritt eine wahre Gnosis als Vollendung christlichen Glaubens. Er sichert der geistigen Durchdringung der christlichen Wahrheiten ihr bleibendes Recht, indem er die Mysterientheologie in die christliche Erkenntnislehre überführt, die einen Weg einer stufenweise stattfindenden Erkenntnis aufzeigt.

Lit.: LACL 152-154; TdK 137-140; Spoerri (1941) 54-75; Kelber 192-235; Wagner 104-134.

Minutius Felix (3. Jh.)

Minutius wird wahrscheinlich in Nordafrika geboren, tritt zum Christentum über und wirkt als Rechtsanwalt in Rom. In seinem Dialog »Octavius« streiten ein Heide und ein Christ über das Christentum. Der Heide ist Skeptizist und greift Lebensführung und Lehre der Christen, besonders deren Auferstehungsglauben heftig an. Der Christ begründet den Auferstehungsglauben durch seine Philosophie: Die Christen haben die Wahrheit gefunden, nach der die Philosophen immer gesucht haben!

Lit.: LACL 504f; TdK 379.

Origenes (~ 185– ~253)

Sein Vater hat ihn früh mit der Heiligen Schrift vertraut gemacht und starb selber als Märtyrer. Origenes wurde Leiter der Katechetenschule in Alexandrien (Vorbereitung der Taufwilligen). Um eine wissenschaftliche Textgrundlage zu bekommen, ließ er verschiedene Ausgaben des Alten Testamentes nebeneinander schreiben, um vergleichen zu können. In seinem Hauptwerk »Von den Anfängen« schuf er eine den Platonismus integrierende, spekulative christliche Theologie von überragender

Bedeutung. Diese erste zusammenhängende christliche Lehre (»Dogmatik«) handelt von der Trinität, den Engeln und ihrem Fall (Buch I); von der Erschaffung der Welt, des Menschen, von Sündenfall und Erlösung (Buch II), von der Willensfreiheit, dem Widersacher des Menschen, der Seele, der Endlichkeit der Welt und der Wiederbringung aller Dinge (Buch III); von der Heiligen Schrift als Offenbarungsquelle und vom dreifachen Schriftsinn (Buch IV). Obwohl viele Schriften des Origenes verloren gingen, hat sein Werk immer noch einen großen Umfang. Er wurde unter dem Kaiser Deius so schwer gemartert, dass er um 253 an den Folgen starb.

Als 543, fast 200 Jahre nach seinem Tod, nicht etwa durch ein Konzil, sondern durch Kaiser Justinian neun Lehrsätze des Origenes für ketzerisch erklärt wurden, war dessen begeisternde Lehre schon weithin wirksam geworden.

Lit.: LACL 528-536; TdK 395-401; Spoerri (1941) 76-99 Origenes I: Sein Leben im Dienste der göttlichen Weisheit; 100-125: Origenes II: Der größte Denker des Urchristentums; Kelber 236-269; Wagner 135-176.

Makarius der Ägypter (4. Jh.?), bzw. »Pseudo-Makarius«

Es sind zwei ägyptische Mönche namens Makarius in der Überlieferung bekannt, Makarius der Große und Makarius der Alexandriner, die aber beide nicht als Autoren in Frage kommen. Unter dem Namen Makarius sind jedoch eine Reihe von Predigten überliefert. In ihnen wird die mystische Vereinigung mit Gott gepriesen. Der Weg zu diesem Ziel ist das unaufhörliche, wortlose Gebet. Diese Predigten gehören zu den meistgelesenen mystischen Texten der Ostkirche.

Lit.: LACL 467f.; TdK 356.

Petrus Chrysologus (um 380?–451/458)

Wir wissen nur sehr wenig über ihn: In Cassis, der Hafenstadt Ravennas geboren, wurde er um 430 Bischof von Ravenna. Seine Predigten zeigen den gebildeten Redner, der sich besonders der Antithetik und des virtuellen Dialogs bedient. Themen sind neben dem Bekenntnis (»Taufsymbol«) und dem Vaterunser die Stationen des liturgischen Jahres der Kirche.

Lit.: LACL 570f.; TdK 419.

Tertullian (~ 160–nach 220)

In Karthago geboren, erwirbt sich Tertullian eine umfangreiche Bildung in Rhetorik, Philosophie und Jurisprudenz, um in Rom als Rechtsanwalt zu wirken. Vor 197 bekehrt er sich zum Christentum und wird bis zu seinem Tode der bedeutendste und selbstständigste christliche Schriftsteller im Westen, vor Augustinus. Tertullian prägt die lateinische theologische Begriffssprache (Trinitätslehre, Christologie), er ist ein »Schriftsteller von großartiger Sprachkraft« (Steiner). In seinem späteren Leben trennt er sich von der Großkirche und tritt zum Montanismus über (endzeitliche Naherwartung).

Lit.: LACL 668-672; TdK 468-479; Spoerri (1943) 9-32: Das Ringen des abendländischen Geistes um das Christusverständnis – Tertullian als Katholik und Ketzer, Rudolf Steiner: Wie finde ich den Christus? Zürich, 16.10.1918 (in GA 182).

Anmerkungen und Nachweise

Seite 9: Novalis, *Schriften* III. Hrsg. Paul Kluckhohn, Stuttgart 1968, S. 565;

Seite 10: Mk 16,6; ebenda: Goethe, *Faust I*, 1, 765;

Seite 13: Offenbarung des Johannes 21,5;

Seite 15: 1 Ko 15,14;

Seite 17: Jo 2,19-21; ebenda: Jo 11,25; ebenda: Jo 1,1–18;

Seite 18: Vgl. Rudolf Steiner, Vortrag vom 14.8.1908, in: *Welt, Erde und Mensch* (GA 105), Dornach 1983;

Seite 19: Lk 9,58;

Seite 20: Gal 3,24;

Seite 21: Jo 2,19;

Seite 22: Jo 2,21; ebenda: Lk 11, 34–36;

Seite 23: Vgl. Wolfgang Braunfels: *Die Auferstehung*, Düsseldorf 1951; ebenda: *Die Wahlverwandtschaften.* Zweiter Teil, 3. Kapitel. Hamburger Ausgabe Band 6, S. 375; S. 24: Jo 11,25; ebenda: Jo 20,23;

Seite 25: Jo 14,12; ebenda: Jo 11,43; ebenda: Jo 1,18; ebenda: Gal 2,20;

Seite 26: Rudolf Steiner, 17.3.1907, in: *Ursprungsimpulse der Geisteswissenschaft* (GA 96), Dornach 1989;

Seite 29: Friedrich Schiller: *Das Ideal und das Leben;* ebenda: Wolfgang M. Auer, in: Die Drei 8/9 2008, S. 113;

Seite 32: Franz Overbeck: *Über die Christlichkeit unserer heutigen Theologie,* Basel 1873, Nachdruck Darmstadt 1981. Overbeck nannte seine Schrift eine »Absage an meine Zunftgenossen« (S. 17), Nietzsche hatte sie als »Zwilling« mit seiner soeben fertiggestellten ersten der »Unzeitgemäßen Betrachtungen« drucken lassen wollen; ebenda: Immanuel Kant, *Kri-*

tik der reinen Vernunft, 1781, Vorrede zur zweiten Auflage, B XVI-XVIII;

Seite 33: *Kritik der reinen Vernunft,* Vorrede zur 1. Auflage, A XI; ebenda: Sichere Erkenntnis ist für Kant nur im »Land des reinen Verstandes« möglich. »Dieses Land aber ist eine Insel, und durch die Natur selbst in unveränderliche Grenzen eingeschlossen. Es ist das Land der Wahrheit (ein reizender Name), umgeben von einem weiten und stürmischen Ozean, dem eigentlichen Sitze des Scheins, wo manche Nebelbank und manches bald wegschmelzende Eis neue Länder lügt, und indem es den auf Entdeckungen herumschwärmenden Seefahrer unaufhörlich mit leeren Hoffnungen täuscht, ihn in Abenteuer verflechtet, von denen er niemals ablassen und sie doch auch niemals zu Ende bringen kann.« (Zit. nach Uwe Schultz, Kant, Hamburg 1965, S. 104) Wenige Jahre später greift Goethe von Kant das Motiv des Abenteuers auf. Er war sicher geworden, dass sich der Mensch durch das Anschauen einer immer schaffenden Natur der geistigen Teilnahme an ihren Produktionen würdig machen könnte, »... so konnte mich nunmehr nichts weiter verhindern, das *Abenteuer der Vernunft,* wie es der Alte vom Königsberge selbst nennt, mutig zu bestehen.« Goethe, *Naturwissenschaftliche Schriften,* Hamburger Ausgabe Bd. 13, S. 31; ebenda: Eph 5,14.;

Seite 34: Rudolf Steiner, *Mein Lebensgang,* Kap. XXVI Ende (GA 28). Dornach 2000. Sergej Prokofieff hat dies in seinem monumentalen Werk *Das Mysterium der Auferstehung im Lichte der Anthroposophie* dargestellt, Dornach 2008. Es heißt darin: »Selbstverständlich ist der Inhalt dieses Buches nur als ein Versuch gedacht, den Geheimnissen der Zeitenwende näher zu kommen.« (Vorwort) Ein anderer solcher Versuch ist die vorliegende Schrift; ebenda: Rudolf Steiner (GA 9), Kap. »Das Wesen des Menschen«, IV Leib, Seele und Geist;

Seite 39: Rudolf Steiner, Vortrag vom 10.10.1911 in: *Von Jesus zu Christus* (GA 131), Dornach 1988;

Seite 40: Mt 13, 54–56, ebenda: Mt 16,16; ebenda: Mt 16,17;

Seite 41: Mk 15,39;

Seite 42: Rudolf Steiner (GA 13), Kap. »Die Weltentwicklung und der Mensch«, Dornach 1989;

Seite 46: Rudolf Steiner, Vortrag vom 19.5.1908, in: *Das Johannes-Evangelium* (GA 103), Dornach 1995;

Seite 47: Rudolf Steiner, Vortrag vom 10.4.1909, in: *Das Prinzip der spirituellen Ökonomie* (GA 109/111), Dornach 2000;

Seite 48: Mk 1,8; ebenda: Lk 12,49; ebenda: Jo 1,5; ebenda: Jo 19,5;

Seite 49: Lk 9,22; ebenda: Rudolf Steiner, Vortrag vom 24.9.1912, in: *Das Markus-Evengelium* (GA 139), Dornach 1985; ebenda: Jo 10,18;

Seite 50: Lk 12,50;

Seite 51: Jo 19,36; ebenda: Mt 17,2.9;

Seite 52: Jo 11,25; ebenda: Rudolf Steiner, *Die geistige Führung des Menschen und der Menschheit* (GA 15), Dornach 1987;

Seite 53: Adolf Portmann, *Biologische Fragmente zu einer Lehre vom Menschen,* Basel 1969, Kap. V »Das extrauterine Frühjahr«;

Seite 55: Jo 14,6;

Seite 56: Rudolf Steiner, GA 15, 1. Vortrag; ebenda: Rudolf Steiner, GA 15, 1. Vortrag;

Seite 57: Jo 2,19;

Seite 59: Lk 3,22;

Seite 62: Thomas von Aquin: *Summa Theologica,* III, Quaestiones 53-55; ebenda: Thomas von Aquin: Die Deutsche Thomas-Ausgabe, Bd. 28, Köln 1956, Q 52 ff. Es heißt hier: »Darum muss man sagen, dass in den drei Tagen des Todes Christi der ganze Christus im Grabe war, weil dort die ganze Person durch den mit ihr vereinigten Leib war; ähnlich war Er auch ganz in der Hölle, weil dort die ganze Person auf Grund der mit ihr vereinigten Seele war. So war damals der ganze Christus auch überall auf Grund der göttlichen Natur … Ganz ist der Sohn beim Vater, ganz im Himmel, ganz auf Erden, ganz im Schoße der Jungfrau, ganz am Kreuz, ganz in der Hölle, ganz im Paradies, in das Er den Schächer hineinführte.« (Q 52,3 S. 173);

Seite 63: Rudolf Steiner, Vortrag vom 3.4.1915, in: *Wege der geistigen Erkenntnis* (GA 161), Dornach 1999; ebenda: Mt 12,40;

Seite 64: Vgl. Rudolf Steiner, *Aus den Inhalten der esoterischen Stunden* (GA 266/1), Dornach 2007, S. 49f.;

Seite 65: Mt 27,54;

Seite 67: Mk 16,14;

Seite 69: Rudolf Steiner, Vortrag vom 14.8.08, in: *Welt, Erde und Mensch* (GA 105);

Seite 71: Jo 11,25;

Seite 72: Mt 28,18;

Seite 73: Zur weiteren Vertiefung sei aus der Fülle der Literatur zu diesem Thema empfohlen: Benesch, Friedrich, *Ostern. Passion – Tod – Auferstehung,* Stuttgart 1978; Meyer, Rudolf, *Der Auferstandene und die Erdenzukunft,* Stuttgart 1953; Palmer, Gerhart, »Von der Leiblichkeit des Auferstandenen«, in: Die Christengemeinschaft 1989, S. 156–160;

Seite 75: *Anthroposophische Leitsätze* (GA 26), Dornach 1998, S. 251; ebenda: Gregor von Nyssa: Rede auf das heilige Osterfest 3;

Seite 77: Hinweise zu Leben und Werk der im Folgenden zitierten christlichen Autoren finden sich im Anhang, Seite 151ff.;

Seite 78: *Texte der Kirchenväter,* Hrsg. von A. Heilmann / H. Kraft, 5 Bde. München 1963, Bd. I, 4f.:

Seite 79: Vgl. bei Paulus folgende Stellen, an denen deutlich wird, wie auch er die urbildlichen Christusgeschehnisse innerlich vergegenwärtigt und an sich selber aktualisiert: Er spricht von Mit-Leiden (Rö 8,17), Mit-Gekreuzigt-Werden (Rö 6,8; Gal 2,20), Mit-Sterben (2 Ko 7,3), Mit-Begraben-Werden (Rö 6,4; Kol 2,12), Mit-Auferweckt-Werden (Eph 2,8; Kol 2,12), Mit-Leben (2 Ko 7,3), Mit-Verherrlicht-Werden (Rö 8,17) und Mit-Christus-Sein (Phil 1,23). Vgl. Albert Schweitzer, *Die Mystik des Apostels Paulus,* Tübingen 1930; Rudolf Frieling, *Christentum und Wiederverkörperung,* Stuttgart 1975, Kap. »Zwischen Tod und Jüngstem Tag«; ebenda: Die Diskussion um Sinn und Berechtigung des »Opfers« ist in den letzten Jahrzehnten neu entbrannt. Karl Barths Diktum, der Mensch *könne* nicht und seit Christi Erlösungstat *brauche* er auch nicht mehr zu opfern, ist auch im Protestantismus nicht mehr unumstritten: vgl. u. a. R. Schenk (Hg.): *Zur Theorie des Opfers. Ein interdisziplinäres Gespräch,* Stuttgart-Bad Cannstatt 1995;

Seite 81: Tertullian, *Über die Auferstehung des Fleisches,* Kap. 6;

Seite 82: Athenagoras, *Über die Auferstehung der Toten,* Kap. 12; ebenda: Augustinus, *Der Gottesstaat,* 22,24; ebenda: Ambrosius von Mailand, *Sechstagewerk* 6,54–55, 58;

Seite 83: Psalm 8,6. Vgl. Rudolf Frieling, *Psalmen, Weltenschau, Der Weg des Lebens, Das neue Lied,* Stuttgart 1985 (Gesammelte Schriften, Bd. 2), S. 53–67: Der Mensch unter dem Sternenhimmel (Psalm 8);

Seite 84: Johannes Chrysostomos, *Homilien zur Genesis,* 16; Johannes Chrysostomos, *Von der Auferstehung der Toten,* Kap. 6; Augustinus, *Erklärung zu Psalm 141,8;*

Seite 85: Athanasius, *Von der Menschwerdung des Logos,* Kap. 4, 46 und 54; ebenda: Psalm 81,6; ebenda: Jo 10,34;

Seite 86: Athanasius, *Von der Menschwerdung des Logos,* Kap. 8, 9 und 17;

Seite 87: Tertullian, *Über den Leib Christi,* Kap. 16; ebenda: Rufinus von Aquileia, *Erklärung des apostolischen Symbolums,* 39;

Seite 88: Ephraim der Syrer, *Nisibenische Hymnen,* 79/80; ebenda: Athanasius, *Über die Menschwerdung des Logos,* Kap. 8, 30 und 56; ebenda: Tertullian, *Über den Leib Christi,* Kap. 6;

Seite 89: Tertullian, *Über die Auferstehung des Fleisches,* Kap. 12;

Seite 90: Zum Phönixmythos: Tacitus, *Annales* VI, 28, ebenda: 1 Ko 15,50. Siehe auch: Tertullian, *Über die Auferstehung des Fleisches,* Kap. 18, 51, 60 und 63;

Seite 91: 2 Ko 5,1; ebenda: Athanasius, *Über die Menschwerdung des Logos,* Kap. 13, 14;

Seite 92: Tertullian, *Über die Auferstehung des Fleisches,* Kap. 6; ebenda: vgl. Geràrd Klockenbring: *Geld – Gold – Gewissen,* Stuttgart 1974;

Seite 93: Zeno von Verona: Traktat XVI, *Von der Auferstehung,* Kap. 8;

Seite 94: Petrus Chrysologus, *Thematische Homilien,* 58: Über die Auferstehung des Fleisches; ebenda: Minucius Felix, Octavius 32,4;

Seite 95: Klemens von Alexandrien, *Mahnrede an die Heiden* (Protrepticus) 68,4; ebenda: Maleachi 3,20; ebenda: Augustinus, Migne PL 38, 1322;

Seite 96: Origenes, *Johannes-Kommentar* I, 25,165;

Seite 97: Gregor von Nazianz, *Zum heiligen Osterfest,* I, 4f.; ebenda: Jo 3,16; ebenda: Origenes, *Predigt zum Buch Numeri,* 24,2; ebenda: Augustinus, *Vorträge über das Johannesevangelium,* 49,19;

Seite 98: Klemens von Alexandrien: *Mahnrede an die Heiden* (Protrepticus 119,3–120,1); Origenes: *Gegen Celsus,* II, 64, VII, 34, II, 61, VII, 33;

Seite 101: Psalm 50,12; ebenda: Irenäus von Lyon: *Gegen die Häresien,* 5,2,2–3;

Seite 102: Gregor von Nyssa: *Große Katechese,* Kap. 37; ebenda: Ignatius von Antiochien: *Brief an die Epheser,* 20,2;

Seite 103: Athanasius: *Über die Menschwerdung des Logos,* Kap. 20, Kap. 21;

Seite 104: Johannes Chrysostomos: *Predigt über die Auferstehung der Toten,* Kap. 7; ebenda: Makarios der Ägypter: *Homilien* 5,7-11; 12–14;

Seite 106: Johannes Chrysostomos: *Predigt über die Auferstehung der Toten,* Kap. 6; ebenda: Irenäus: *Gegen die Häresien,* 5, 9, 2–4;

Seite 107: Gregor von Nyssa: *Gespräch mit Makrina,* 17–18, 1; ebenda: Tertullian: *Über die Auferstehung des Fleisches,* Kap. 55;

Seite 108: Makarios der Ägypter: *Homilien* 5;

Seite 109: Petrus Chrysologus: *Homilie über die Auferstehung des Fleisches;* ebenda: Für die folgenden Zitate siehe Tertullian: *Über die Auferstehung des Fleisches,* Kap. 29, 30 und 32;

Seite 110: siehe letzte Anmerkung; ebenda: Makarios der Ägypter: *Homilien* 34, 1–3; ebenda: Maleachi 4,2; ebenda: Tertullian: *Von der Auferstehung des Fleisches,* Kap. 62f;

Seite 112: Vgl. G. Greshake, J. Kremer: *Resurrectio mortuorum. Zum theologischen Verständnis der leiblichen Auferstehung,* Darmstadt 1986, bes. S. 202ff: Hinweise auf das alexandrinische Auferstehungsverständnis;

Seite 113: 1 Ko 15,50;

Seite 118: Thomas von Aquin: *Summa Theologica* III, Quaestiones 53–59; ders.: *»De sanctum corporum beatorum«, Summa Theologica,* Ergänzung zum Buch III, quaestio 83;

Seite 120: Lk 24,31, ebenda: Jo 20,20; ebenda: Jo 20,28; ebenda: 2 Ko 3,18;

Seite 121: Jo 21,22; ebenda: Zitiert nach Friedhelm Mennekes: *Beuys zu Christus,* Stuttgart 1989;

Seite 122: Jo 20,19; ebenda: Lk 24,36–39;

Seite 123: Vgl. Ernst Benz: *Adam, der Mythus vom Urmenschen,*

München 1955 (Im Folgenden zitiert als: Benz 1955); Gerhard Wehr: *Jakob Böhme,* Hamburg 1971;

Seite 124: So der Böhme-Schüler Johann Georg Gichtel (1638–1710), vgl. Benz 1955, S. 105, 112; ebenda: Berleburger Bibel (1726–1742), vgl. Benz 1955, S. 139, 144;

Seite 125: Friedrich Christoph Oetinger (1702–1782), vgl. Benz 1955, S. 166; ebenda: Michael Hahn (1758–1819), vgl. Benz 1955, S. 193, 201; ebenda: Böhme: *Mysterium Magnum,* Kap. 18; ebenda: Böhme: *Von den drey Principien Göttlichen Wesens,* Kap. 10 §11, §18; ebenda: Böhme: *Von der Menschwerdung Christi,* I. Teil, Kap. 5 §26;

Seite 126: Böhme: *Von den drey Principien Göttlichen Wesens,* Kap. 17 §29; ebenda: Böhme: *Mysterium Magnum,* Kap. 18 §28; ebenda: Böhme: *Vom Irrtum der Secten* Esaiä und Zechiel Meths, §356f.; ebenda: Böhme: *I. Schutzschrift wider Balthasar Tilken,* §607ff.; ebenda: Franz von Baader (1764–1841), vgl. Benz 1955, S. 224, 227,

Seite 127: Böhme: *Von der Menschwerdung Christi,* I. Teil, Kap. 5 §8;

Seite 128: Gichtel, vgl. Benz 1955, S. 112, 118f.; ebenda: Hahn, vgl. Benz 1955, S. 202, 207; ebenda: Gottfried Arnold (1666–1714), vgl. Benz 1955, S. 132; ebenda: Baader, vgl. Benz 1955, S. 220;

Seite 129: Wladimir Solowjew (1853–1900), vgl. Benz 1955, S. 276; ebenda: Johann Jacob Wirz (1778–1858), vgl. Benz 1955, S. 239, 247;

Seite 131: Johannes W. Rohen: *Morphologie des menschlichen Organismus,* Stuttgart [3]2007; ders.: *Eine funktionelle Anthropologie,* Stuttgart 2009;

Seite 133: Origenes, *Jeremias-Homilien* 1,16; ebenda: F. W. J. Schelling, *Clara oder über den Zusammenhang der Natur mit der Geisterwelt,* München 1948, S. 132;

Seite 137: 1 Jo 3,2;

Seite 138: In der deutschen Sprache wird mit diesen Worten außerdem angedeutet, dass durch Christi Menschwerdung auch die *ganze Erde* sein Leib geworden ist, er die Erde als seinen Leib erkoren hat;

Seite 139: Jo 15,4; ebenda: Mt 28,20; ebenda: Jo 1,14; ebenda: Mt 12,40;

Seite 143: Rudolf Steiner: *Reinkarnation und Karma* (GA 34), Dornach 1982, S. 103;

Seite 145: Henry Vollam Morton, der in den 30er Jahren des 20. Jahrhunderts die Stätten besucht und wunderbar beschrieben hat, an denen Paulus gewirkt hat, bemerkt dazu: *Wer an der Wahrheit dieser Geschichte zweifelt, hat noch keine türkischen Gefängnisse gesehen!;*

Seite 146: Rö 8,19–23;

Seite 147: Erinnerung Friedrich Rittelmeyers an ein Gespräch mit Rudolf Steiner 1921 oder 1922;

Seite 149: Mt 8, 23–27; ebenda: Ps 84,9; ebenda: Lk 8,8;

Seite 150: Lk 23,46.

Dank

Maren Glockmann, Liv Holland und Gerhart Palmer danke ich für Hilfe und Anregungen bei der Entstehung dieses Buches.

Günther Dellbrügger

»Ich weiß, dass mein Erlöser lebt«

Zur Durchchristung des Karmagedankens

112 Seiten, kart

Sind Christentum und Karmalehre miteinander vereinbar? Hofft man auf eine sich bereits abzeichnende Erneuerung des Christentums, so wird in ihrem Mittelpunkt die Erweiterung des christlichen Schicksalsbegriffes um den Karmagedanken stehen müssen. Denn Karma zielt nicht auf – unchristliche – Selbsterlösung, sondern entwickelt durch das Instrument fortschreitender Erdenleben die Freiheit, mit Christus vergangenes und zukünftiges Schicksal zu gestalten.

URACHHAUS

Günther Dellbrügger

Alles höhere Erkennen ist Gnade

Die Bedeutung des Religiösen
für den Erkenntnisweg

88 Seiten, kart.

Kann man in einer säkularisierten Welt, in der »Gott« keine Rolle mehr spielt, noch etwas mit dem Begriff der Gnade anfangen? Ist nicht gerade das Erkennen ein Akt autonomer Freiheit, individueller Bemühung, jenseits aller Hilfe »von oben«?

Günther Dellbrügger zeigt, dass ein – im Sinne der Anthroposophie – höheres Erkennen nicht anders als durch einen Schulungsweg erlangt werden kann, der religiöse Elemente mit einbezieht: Kräfte der Verehrung, der Andacht, der Selbstlosigkeit müssen geübt werden, ehe wir uns – und das ist die Gnadenerfahrung des modernen Christentums – den Gedanken öffnen können, »die aus dem gottgewobenen Kosmos einströmen« (Rudolf Steiner).

URACHHAUS